Éric Laurent est grand reporter et spécialiste de la politique internationale. Enquêtant sur les intérêts secrets et le jeu caché des hommes de pouvoir, il est l'auteur de nombreux romans et documents à succès, notamment *Un espion en exil* ; *Karl Marx Avenue* ; *Hassan II, la mémoire d'un roi* ; *La guerre du Kosovo* et *Le grand mensonge*. En 1990, le livre qu'il a coécrit avec Pierre Salinger, *La guerre du Golfe*, s'est vendu à près de 200 000 exemplaires. En 1994, avec Marek Halter, il publie *Les fous de la paix*. En 2003, dans *La guerre des Bush*, traduit en 19 langues et vendu à plus de 160 000 exemplaires en France, il dévoile les stratégies inavouées de la guerre en Irak : intérêts financiers, poids des secrets familiaux, obsessions dangereuses… Il poursuit son enquête sur le président des États-Unis dans *Le monde secret de Bush*. Ces deux livres ont fait l'objet d'une adaptation télévisuelle, *Le monde secret de Bush*, que plus de 3 millions de téléspectateurs ont vue sur France 2, et le film, diffusé en salle, a rencontré une large audience. L'année suivante paraît *La face cachée du 11 Septembre*, fruit de ses recherches mais aussi de ses réflexions sur le terrorisme d'aujourd'hui, également traduit dans de nombreux pays. Suivront *La face cachée du pétrole* (Plon, 2006) – ouvrage somme faisant le compte des innombrables manipulations qui entourent toutes les activités pétrolières et dont l'adaptation télévisuelle a été diffusée par ARTE en septembre 2010. Ensuite *Bush, l'Iran et la bombe, enquête sur une guerre programmée* (Plon, 2007), *La face cachée des banques : scandales et révélations sur les milieux financiers* (Plon, 2009) et *Le scandale des délocalisations* (Plon, 2011).

LA FACE CACHÉE
DES BANQUES

ÉRIC LAURENT

LA FACE CACHÉE DES BANQUES

DES BANQUES

Scandales et révélations
sur les milieux financiers

PLON

© Plon, 2009
ISBN : 978-2-266-20429-3

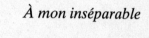

À mon inséparable

1

Nous affrontons la crise la plus grave survenue depuis 1929. Elle se double d'un scandale financier sans précédent dont ce livre démonte les rouages : la connivence existant aux États-Unis, et à un degré moindre en Europe, entre les milieux financiers, les autorités chargées de les contrôler et le pouvoir politique. Elle a permis aux banques américaines, qui sont à l'origine de cette crise, de tourner et violer les lois en toute impunité, de falsifier leurs comptes et d'inonder le monde de crédits « déchets » qu'elles avaient soigneusement maquillés en produits de qualité. Et tout cela dans un seul but ; accroître l'enrichissement déjà considérable des hommes à la tête des firmes de Wall Street et des cadres qui les entourent.

Au terme de cette enquête, quatre mots me viennent à l'esprit pour qualifier le comportement de ces personnages, avant et pendant la crise : arrogance, avidité, incompétence, impunité. C'est un constat infiniment choquant : ces hommes sont les seuls bénéficiaires de cette crise qu'ils ont provoquée.

Wall Street, le cœur financier des États-Unis, a littéralement cessé de battre, en octobre 2008, au paroxysme de la crise. L'administration Bush, puis celle de Barack Obama, se sont immédiatement précipitées à son chevet en effectuant un long mais efficace massage cardiaque à coups, officiellement, de centaines de milliards de dollars. En réalité, beaucoup plus. Il s'agit d'argent prélevé dans la poche des contribuables américains déjà appauvris par la crise, prêté sans condition à ces établissements pour leur éviter la faillite. Depuis la récession, commencée en décembre 2007, l'économie américaine a perdu 6,5 millions d'emplois et le nombre de chômeurs a augmenté en juin 2009 de 467 000. Au total, ce sont près de 14 millions d'Américains qui se retrouvent sans travail, le chiffre le plus élevé depuis décembre 1983. On estime également entre 10 et 12 millions le nombre de foyers américains qui ne pourront pas rembourser leurs crédits immobiliers au cours des quatre prochaines années. En France, le nombre d'emplois perdus en juin 2009 est déjà largement supérieur au nombre de postes de travail créés tout au long de l'année 2008. Les prévisions indiquent que le taux de chômage au sein des vingt-sept pays de l'Union européenne atteindra 11,5 % en 2010 et que plus de 4,5 millions d'Européens perdront leur emploi au cours des prochains mois. En Chine, où les statistiques sont peu fiables, près de 20 millions de travailleurs auraient déjà été congédiés.

J'écris ces lignes le 15 juillet 2009, au moment où les fermetures d'entreprises se multiplient avec, pour conséquence, une multitude de drames humains. Tragédie silencieuse et soigneusement ignorée, qui voit des individus et des familles moralement brisés, matériellement ruinés et brusquement privés de foyer.

La crise est d'une amplitude exceptionnelle, à la mesure des excès et des scandales qui l'ont provoquée. Certains l'ont comparée à un tsunami ou à l'ouragan Katrina. Rien n'est plus faux. Ces deux séismes ont frappé brusquement, alors que la violence de la crise financière de 2008 était depuis longtemps prévisible et aurait pu être évitée. Mais les pouvoirs politiques et les organismes de contrôle ont choisi, comme les trois singes, de « ne rien voir, rien entendre et rien dire ». Je m'attarde encore un peu sur cette date du 15 juillet. Dans la torpeur de l'été, trois nouvelles tombées coup sur coup dressent un état des lieux saisissant. Le *Financial Times* en date du 14 juillet révèle que les dirigeants de la grande banque d'investissement américaine Goldman Sachs ont vendu, à hauteur de 700 millions de dollars, les actions qu'ils détenaient dans la firme, durant l'automne 2008, alors même que l'établissement, en difficulté, venait de bénéficier d'une aide de 10 milliards de dollars, octroyée sans condition par le gouvernement américain. Le ministre des Finances de l'époque, Henry Paulson, était l'ancien P-DG de Goldman Sachs. Avant d'entrer au gouvernement, il avait cédé, contre 200 millions de dollars, sa participation dans la banque. Il a également choisi Neel Kashkari, un de ses proches collaborateurs chez Goldman Sachs, transféré au ministère des Finances, pour distribuer aux banques les 700 milliards de dollars prévus dans le plan de sauvetage. Grâce à Paulson, « Main Street volait au secours de Wall Street ». En d'autres mots, l'argent du contribuable même modeste sauvait l'univers de la finance.

11

Le 14 juillet toujours, le visage grave, Barack Obama annonce que la hausse du chômage va se poursuivre. Quelques semaines plus tôt, il capitulait en rase campagne. Il refusait, reniant ses engagements précédents, de limiter les salaires et bonus des P-DG et cadres supérieurs du secteur financier dont les établissements avaient bénéficié d'une aide massive de l'État. Son ministre des Finances, Tim Geithner, déclara que de telles mesures « seraient inefficaces et pourraient se révéler contre-productives »… Comme en écho, le *Financial Times* du 15 juillet annonce que Goldman Sachs envisage d'octroyer pour 2009 à ses employés des salaires et bonus records dont le montant total pourrait atteindre la somme vertigineuse de 23,4 milliards de dollars.

Ignorant avec superbe l'ampleur des difficultés dans lesquelles le monde est plongé, Wall Street et la City de Londres renouent avec la fête et les pires habitudes. Et, pratiquement comme toujours, Goldman Sachs donne le ton. Depuis de longues années, les dirigeants de cette banque symbolisent les liens fusionnels existant entre l'univers de la finance et l'exécutif américain. L'un des prédécesseurs de Paulson à la tête de cette firme, Robert Rubin, fut, hélas, le très influent ministre des Finances de Bill Clinton.

Le petit politicien de l'État reculé de l'Arkansas, élu président des États-Unis en partie sur un programme populiste anti-Wall Street, devint très vite le relais et l'exécutant zélé des intérêts financiers ; au point d'oser aller encore plus loin que le très conservateur Ronald Reagan, en abolissant des lois votées en 1933, sous le New

Deal, qui encadraient et contrôlaient l'activité des banques. Une décision désastreuse à l'origine de la crise actuelle.

Un de mes interlocuteurs, travaillant chez un concurrent de Goldman, commente avec un sourire ce chassé-croisé qui voit des P-DG d'établissements financiers se retrouver à des postes ministériels. « Nous appliquons tous la même devise : l'apparence de l'intérêt général au service de nos intérêts particuliers. » Des intérêts qui constituent autant de privilèges qu'ils n'admettent pas de voir remis en cause. Chrystia Freeland a rapporté les réflexions indignées de deux responsables de Wall Street comparant les projets de limitation de leurs bonus « aux lois de Nuremberg » édictées par les nazis à l'encontre des Juifs [1].

Le fusible idéal

Nous sommes en décembre, six ans auparavant, et une pluie glacée tombe sur New York, plongé dans la nuit. Il est 19 h 45 et je viens de pénétrer dans un grand hôtel à proximité de Central Park. J'observe l'assistance qui se presse dans le hall avant de gagner les salons situés à l'étage. Elle se compose en majorité de couples d'âge mûr où les femmes ont en commun d'être lourdement parées de bijoux et maquillées à l'extrême. Des groupes se forment, s'épient, se sourient, parfois se parlent brièvement. Il faut être vu, remarqué, puisque chacun n'est présent que dans un seul but : afficher sa réussite sociale et matérielle. Tous participent à un important gala de charité. J'accompagne

1. Chrystia Freeland, *The Financial Times*, 28 avril 2009.

une amie qui a effectué toute sa carrière dans le secteur de la haute couture. Désormais à la retraite, elle mène une vie simplement aisée mais mondaine.

Elle me présente des gens dont, la plupart du temps, je ne retiens pas les noms, et, soudain, me prenant par le coude, elle me fait pivoter. Je suis face à un homme de taille moyenne, vêtu d'un costume noir, dont le visage me fait immédiatement penser à celui de l'acteur Peter Sellers, en plus empâté. Il tient un verre de jus de fruits à la main, et, au milieu de toute cette agitation, il paraît extrêmement réservé, presque effacé. Il ressemble à un notaire de province projeté malgré lui en plein New York. Il salue courtoisement mon amie qui me dit : « Vous devez absolument faire une interview de Bernard Madoff. C'est un véritable génie de la finance. » Un petit sourire, qui me semblait sur le moment exprimer l'embarras, est alors apparu au coin des lèvres du financier. Je pense qu'il reflétait plutôt l'ironie et le mépris à l'égard de sa proie. Sa main droite, légèrement levée dans ma direction, faisait un geste de dénégation et semblait traduire sa modestie devant de telles louanges. Cette soirée était certainement un terrain de chasse pour Madoff. L'amie qui me l'a présenté est aujourd'hui totalement ruinée.

Cet escroc est le coupable parfait, condamné au moment le plus opportun. Il aurait fait perdre de l'argent au Vatican, à la famille régnante de Monaco et à de riches détenteurs de patrimoine. Bref, il n'aurait floué que de grosses fortunes. Ce qui est faux. Mais peu importe : la sévérité de la peine, cent cinquante ans de prison, reflète l'ampleur du délit…

L'affaire Madoff est le scandale idéal qui permet d'occulter des scandales autrement plus importants liés à la crise financière. Il a fixé de manière quasi hypnotique toute l'attention des médias sur ce seul dossier. Les banques, pendant toutes ces années, ont incarné la culture de la rapacité et de l'irresponsabilité. Mais c'est parce que, officiellement, il n'existe pas de banques coupables que Madoff a été si lourdement condamné.

Certains journalistes ont écrit fort naïvement que l'ampleur de sa peine constituait un avertissement très clair adressé à la communauté financière. Je crois que c'est l'inverse. Le prédateur solitaire n'avait aucune chance de bénéficier de l'impunité qui entoure les agissements de l'establishment de Wall Street.

Créer l'oubli de la crise

En cet été 2009, j'éprouve l'étrange sentiment que nous sommes en train de vivre une séquence dont on cherche à effacer l'origine. Les propos des responsables politiques se veulent lucides et apaisants alors que les Bourses flambent. Ils évoquent les plans de sauvetage (du système bancaire et de l'économie) qui commenceraient à produire leurs effets. Peu à peu, tout rentrerait dans l'ordre. L'information relaie, sans les contredire, ces discours qui n'ont qu'un seul objectif : faire oublier la crise et restaurer la confiance. Bref, demander une nouvelle fois aux opinions de faire preuve d'amnésie et de crédulité.

L'oubli des crises précédentes et le refus de tirer les leçons du passé sont les deux moteurs qui permettent de garantir la reprise et le dynamisme des transactions financières de tous ordres.

Barry Eichengreen, de l'université de Berkeley, et Michael Bordo, de l'université Rutgers, ont identifié cent trente-neuf crises financières survenues entre 1973 et 1997, dont quarante-quatre dans les économies développées. Un chiffre en nette hausse par rapport à la période précédente puisque « seulement » trente-huit crises avaient éclaté entre 1945 et 1971. Paul Seabright, économiste à l'université de Toulouse, observe que la confiance dans l'économie moderne a évolué vers un point miraculeux où les gens confient à des étrangers des sommes qu'ils n'envisageraient même pas en rêve de confier à leurs voisins de palier[1].

Dans leurs efforts pour restaurer la confiance et provoquer l'oubli, les décideurs politiques se heurtent à un double écueil qu'ils s'efforcent de minimiser : la crise est d'une nature et d'une gravité sans précédent, et personne ne connaît l'ampleur des fameux « actifs toxiques » qui plombent les établissements financiers. Des montants en tout cas gigantesques qu'un banquier compare à la « maladie de la vache folle dans l'univers de la finance. Personne ne sait en quelles quantités ces produits infectés ont été consommés et par qui ».

Plus nous avançons dans le temps et plus la sortie de crise semble remise au lendemain. Plutôt que de nier les réalités, les responsables devraient méditer la formule de l'économiste iconoclaste John Kenneth Galbraith : « L'une des constantes

1. *The Economist*, 24-30 janvier 2009.

d'une crise est de mettre à découvert ce que les experts échouent à déceler. »

Le 29 mars 2009, l'économiste Wolfgang Münchau brosse un tableau pessimiste[1] : « Je suis plus inquiet aujourd'hui que je ne l'étais il y a un mois… Vous croyez apercevoir les premiers signes de la reprise ? Vous êtes rassurés par la récente stabilisation d'indicateurs précoces, telles les ventes des maisons neuves aux États-Unis ? Ou vous croyez que la hausse boursière marque la fin de la crise ? Les taux de croissance vont évidemment rebondir, ne serait-ce que pour des raisons techniques. Si tel n'était pas le cas, il ne resterait pas grand-chose de l'économie à la fin de l'année.

« Mais même si la reprise économique intervenait en 2010, comme le prévoient quelques optimistes, la majeure partie des difficultés du secteur financier est encore devant nous : le chômage et les défauts de paiement vont partout augmenter brusquement et la dépression continuera à faire sentir ses effets bien après qu'elle aura pris fin.

« À la fin décembre 2008, les banques avaient enregistré au niveau mondial environ 752 milliards d'euros (1 000 milliards de dollars) de dépréciations d'actifs douteux, dont environ la moitié aux États-Unis. Depuis le début de la crise, l'ampleur de la dépréciation des actifs aux États-Unis a dépassé le niveau des nouveaux capitaux apportés. Même le plan Geithner de partenariat public-privé n'inversera pas la tendance à la détérioration attendue des ratios de fonds propres. En Europe, les apports en capital sont, pour le moment, un

1. *The Financial Times*, 29 mars 2009.

peu supérieurs au montant des dépréciations, mais, selon les projections récentes dont j'ai pris connaissance, cette tendance s'inversera brusquement cette année, à moins que les gouvernements ne mettent en place de nouveaux dispositifs de recapitalisation.

« Pour débloquer le marché financier mondial, il faut donc procéder à une augmentation significative de la capitalisation des banques et pas seulement permettre un retour au *statu quo ante*. Il faut non seulement prendre en compte les actifs toxiques eux-mêmes, mais également les actifs qui deviennent toxiques dès aujourd'hui ou le deviendront dans le futur. »

Et de conclure : « Les Européens pensent que leurs problèmes sont de moindre ampleur car ils ont déjà mis en place un plan de sauvetage des banques en octobre dernier. C'est là une des nombreuses erreurs d'appréciation des responsables européens durant cette crise. Les programmes d'aide actuels ne suffisent pas à la tâche. Il s'agissait uniquement de mesures d'urgence. Mais nous sommes désormais passés au-delà de l'urgence immédiate et nous avons besoin d'une réponse stratégique. L'Europe elle aussi devra s'attaquer à ce problème en contraignant les banques à enregistrer des dépréciations d'actifs en échange de nouveaux capitaux. Et certaines banques pourraient ne pas y survivre. »

2

27 mai 2009, tour Total à la Défense. Je suis installé au 44ᵉ étage dans le bureau de Christophe de Margerie, le directeur général du groupe pétrolier, et j'attends son retour pour réaliser une interview. Des toiles modernes sont accrochées sur le mur de droite, un superbe bonsaï trône derrière son bureau, un simple ovale de bois, dépouillé, sur lequel sont posés quelques dossiers.

La baie vitrée, à gauche, offre une vue superbe et dégagée sur la capitale et sa banlieue. Je détaille les bâtiments situés en contrebas. De petits immeubles de bureaux, à l'architecture fonctionnelle, côtoient des blocs d'appartements entre lesquels serpentent des rubans de route. Un entrelacs sans grâce dont brusquement se détache un petit bâtiment de quelques étages à la façade d'un blanc douteux. Je contemple, stupéfait, les trois lettres massives qui dominent le fronton : AIG. Ce nom est au cœur des scandales révélés par la crise financière ; et cette filiale française, en apparence si banale, constitue une véritable bombe à retardement que Paris et Washington, ainsi que les grandes banques françaises et européennes, s'efforcent à tout prix de dissimuler.

Deux mois auparavant, je suis aux États-Unis et l'indignation de la presse et de l'opinion est à son comble : AIG, le numéro un mondial de l'assurance, a été balayé pour avoir trop spéculé sur les fameux crédits dérivés à l'origine de la tourmente financière puis de la crise économique.

Ni regret ni remords

Ses dirigeants n'éprouvent ni regret ni remords. Dès que l'ampleur des pertes est connue, ils font parvenir au ministre des Finances, Henry Paulson, à Ben Bernanke, le président de la Fed, la Banque centrale, ainsi qu'aux membres influents du Congrès, un document confidentiel de vingt et une pages. Son titre : « AIG est-il un risque systémique ? » Naturellement la réponse est oui. L'effondrement de ce géant de l'assurance implanté dans cent trente pays pourrait accélérer la déstabilisation de l'économie mondiale.

Time Magazine estime avec raison qu'AIG est à lui seul une « arme financière de destruction massive ». Trop grand pour disparaître. Alors, à quatre reprises, le ministère des Finances et la Fed vont voler au secours de l'assureur, en injectant au total la somme vertigineuse de plus de 180 milliards de dollars. Les contribuables américains, qui ont payé, sont propriétaires en théorie de 80 % d'AIG. En théorie seulement. L'équipe à l'origine du naufrage reste en place, à l'exception du président remplacé par Ed Liddy, qui vient directement de la banque d'affaires Goldman Sachs où il travaillait aux côtés du président de l'époque, Henry Paulson, l'actuel ministre des Finances. L'homme qui veille à ce que le pouls du coupable, Wall Street, continue de battre.

Paulson puis son successeur Tim Geithner vont se montrer, envers AIG, profondément complaisants et généreux. Lors du premier plan de sauvetage d'AIG, le gouvernement américain acquiert des actions préférentielles qui doivent lui rapporter 10 % par an, mais qu'il va rapidement reconvertir en actions qui ne lui rapporteront cette fois aucun dividende.

« Je suis choqué et en colère »

Le 2 mars 2009, AIG a annoncé des pertes de 61,7 milliards de dollars pour le dernier trimestre 2008, ce qui correspond, pour l'ensemble de l'année, à près de 100 milliards de dollars perdus. Quelques jours plus tard, nouveau coup de théâtre : AIG révèle le versement de 165 millions de dollars de bonus à ses dirigeants. « Rapacité » est le terme qui revient le plus fréquemment dans les commentaires des observateurs.

Dana Milbank écrit, le 17 mars 2009, dans le *Washington Post* dont il est un des éditorialistes les plus en vue : « AIG utilisera une partie des 170 milliards d'aide fédérale pour récompenser ses employés avec 165 millions de dollars de bonus », qu'il qualifie d'« obscurs ». Obama estime qu'il s'agit d'un « outrage infligé aux contribuables américains qui ont permis de conserver la compagnie ». Il s'interrompt avant d'ajouter : « Excusez-moi, je suis choqué et en colère. »

Cette initiative survient au plus mauvais moment pour le nouveau président qui appelle l'opinion à la patience en attendant que ses plans de relance stabilisent une économie en chute libre. Il définit AIG comme une « firme qui s'est retrouvée elle-même en détresse financière en raison de son imprudence et de sa rapacité. Étant donné ces circonstances, il est difficile de comprendre que des traders de [crédits] dérivés puissent justifier de ces bonus ». Et il ajoute : « J'ai demandé à Tim Geithner [le ministre des Finances] d'explorer toutes les voies légales pour bloquer le versement de ces bonus. »

Malheureusement, il n'existe, selon l'assureur, aucun recours légal et l'examen des contrats aurait révélé qu'AIG était tenu de les verser et que tout refus entraînerait des poursuites et un coût financier encore plus élevé. Lawrence Summers, le principal conseiller économique de Barack Obama, un des personnages clés du monde financier, se démarque d'ailleurs du président en déclarant sur la chaîne de télévision CBS : « Nous ne sommes pas un pays où les contrats sont soudain abrogés bon gré mal gré. »

Une chose cependant m'a surpris. Le ministère des Finances américain a accepté le constat formulé par le président d'AIG et les avocats de la firme sans demander à consulter ces contrats pour effectuer une contre-expertise. Un curieux manque de pugnacité.

165 millions de dollars pour 360 personnes

L'affaire devient encore plus scandaleuse quand on se plonge dans les détails. Les 165 millions de dollars de bonus ne sont, en réalité, destinés qu'à 360 personnes, pratiquement toutes décidées à engager des poursuites en cas de non-versement. Et pourtant, elles appartiennent à la filiale londonienne d'AIG, AIG Financial Products, qui est à l'origine des pertes colossales essuyées par l'assureur. Une grande partie des opérations de cette filiale transite par la banque d'AIG à Paris.

Edward Liddy, le président d'AIG, désireux de justifier l'octroi de certains bonus, écrit à Tim Geithner : « Nous ne pouvons pas attirer et retenir les meilleurs et les plus brillants talents destinés à diriger et encadrer AIG, si les employés croient que les dédommagements qu'ils recevraient seraient sujets à des ajustements continus et arbitraires de la part du ministère des Finances. » Des propos littéralement surréalistes. « Les plus brillants talents » ont conduit leur établissement à la faillite.

De surcroît, la tutelle que le ministre des Finances, Tim Geithner, exerce sur AIG et les autres protagonistes financiers n'est pas particulièrement pesante, comme en témoigne un échange révélateur survenu entre le journaliste d'ABC, Jack Trapper, et Robert Gibbs, le porte-parole de la Maison Blanche :

« Vos gars ont découvert ces bonus la semaine dernière ?

– Je pense que c'est vrai, en me basant sur ce que je lis dans les journaux.

– Mais vous aviez donné de l'argent à AIG – 30 milliards de dollars supplémentaires en provenance de l'argent des contribuables – deux ou trois semaines auparavant ?

– Mmm Mmm, répond Gibbs.

– Pourquoi Geithner ne s'est-il pas renseigné sur ces bonus avant de donner l'argent à AIG ?

– Je le demanderai au ministre des Finances[1]. »

Pendant des années, la filiale d'AIG installée à Londres a agi en échappant à tout contrôle des autorités américaines et européennes. Elle se comportait comme un véritable fonds spéculatif dirigé d'une poigne de fer par son fondateur, Robert Cassano. Au cours d'une conférence, tenue en 2007, il s'était vanté de compter parmi ses clients « des banques et des banques d'investissement, des fonds de pension, des fondations, compagnies d'assurances, fonds spéculatifs, des particuliers à hauts revenus, des municipalités et des organismes souverains et supranationaux ». Hélas, il ne mentait pas. Il leur vendait des crédits dérivés appelés CDS (Credit Default Swaps), censés opérer comme une police d'assurance et les couvrir contre les risques de défaut de remboursement de crédits.

Cinq pages qui affolent Washington et Paris

Seul petit détail gênant : AIG Financial Products encaisse l'argent des contrats, mais il ne provisionne pas les risques. Il n'a ni le statut ni les obligations d'une compagnie d'assurances. La marge de profits réalisée sur ces opérations par Cassano et ses collaborateurs est énorme : en 2002, elle atteignait 44 % du chiffre d'affaires ; en 2005 elle se situait à 83 %. Au cours des sept dernières

1. Dana Milbank, « Scolding The Bonuses Babies », *The Washington Post*, 17 mars 2009.

années, les collaborateurs de la filiale londonienne se sont partagé 3,56 milliards de dollars. Ils ont garanti à travers l'Europe des centaines de milliards de dollars d'instruments de crédit complexes, avec la double certitude que la hausse du marché et leur enrichissement personnel ne cesseraient jamais.

L'effondrement et la chute d'AIG Financial Products provoquent la vive inquiétude des banques et les conduisent à dissimuler ce qui devient la plus inavouable des réalités : le montant exact des actifs toxiques qu'elles détiennent dans leurs comptes.

La faillite de la filiale londonienne d'AIG transforme, comme dans les plus mauvais des scénarios, les « vrais dérivés » mais « fausses assurances » en une matière dangereuse et aisément inflammable à la moindre fausse manœuvre. Ce qui semble sur le point de survenir avec l'affaire des bonus. De nombreux cadres d'AIG Financial Products, mécontents de la polémique qui entoure ces versements, démissionnent, notamment les deux principaux responsables de la banque parisienne, Mauro Gabriele et James Shephard.

Cette nouvelle, en apparence banale, provoque une véritable panique, d'abord à Washington, puis à Paris. Un mémo de cinq pages, rédigé par la direction d'AIG deux jours après l'annonce de la démission des deux cadres, parvient entre les mains de Tim Geithner. Le ministre des Finances découvre l'ampleur du désastre potentiel. Après en avoir touché un mot au président Obama, et à son conseiller Lawrence Summers, il se résout à prévenir les autorités françaises. Geithner téléphone à Christine Lagarde et Bernanke au gouverneur de la

Banque de France, Christian Noyer. En réalité, quand ils reçoivent ces appels, les deux responsables français ont déjà été alertés par les dirigeants de plusieurs grandes banques françaises directement concernées, notamment la Société Générale et BNP Paribas.

Le problème posé est d'ordre juridique et technique mais ses conséquences peuvent se révéler catastrophiques : le départ des deux dirigeants de la banque parisienne d'AIG conduit à leur remplacement par des représentants de la Commission bancaire. Cette prise de contrôle de l'établissement par les autorités françaises crée aussi, selon les termes des contrats, un changement juridique dans les contrôles opérés sur les « dérivés » qui pourrait aboutir à dénouer ces contrats.

La banque AIG a permis à sa maison mère de générer d'importants revenus[1]. Les contrats dérivés vendus par AIG à de nombreuses banques européennes ont été utilisés par ces établissements pour limiter au maximum le risque sur certains des actifs qu'ils détenaient ; ce qui leur permettait probablement de réduire le montant en capital qu'elles étaient censées conserver pour se protéger des pertes sur des actifs tels que les prêts immobiliers ou ceux aux entreprises.

Les établissements bancaires si prompts à rappeler à l'ordre leurs clients au moindre léger découvert ont agi en l'occurrence avec imprudence et irresponsabilité. Sur des montants gigantesques.

---

1. Liz Rappaport, Liam Pleven et Carrick Mollenkamp, « AIG Fights a Fire at Its Paris Units », *The Wall Street Journal*, 26 mars 2009.

234 milliards de dollars

Un défaut de paiement comme celui qui est désormais envisagé obligerait des banques françaises et européennes à lever des milliards d'euros pour amortir ces pertes potentielles. Un coût financier qui se double d'un risque de panique si l'opinion apprend la nouvelle.

Le mémo parvenu à Tim Geithner et dont une partie du contenu est transmise aux autorités françaises détaille l'ampleur précise des dégâts : 234 milliards de dollars de crédits dérivés achetés et répartis entre des banques européennes, dont aucune n'a envie de révéler les montants qu'elle détient. Le mémo estime qu'en cas de crise ou faillite au sein de l'établissement parisien, The Royal Bank of Scotland, Banco Santander en Espagne et BNP Paribas auraient à lever à elles trois 10 milliards de dollars[1].

Paris ne veut à aucun prix se retrouver en première ligne dans la gestion de ce dossier et les autorités américaines exerceront d'efficaces pressions auprès des deux dirigeants de la banque, James Shephard et Mauro Gabriele qui accepteront, un mois après leur démission, de réintégrer leur poste, sans préciser pour quelle durée.

C'est le type même de l'incendie efficacement éteint au moment même où il vient d'éclater. Pourtant, 234 milliards de dollars de « dérivés », pour une large part « toxiques », logés dans les

1. « AIG Acts to Avoid Default Risk », *The Financial Times*, 29 avril 2009.

comptes de banques, alors même qu'elles s'efforcent de convaincre de leur bonne santé recouvrée, constituent de bien grosses braises prêtes à rallumer l'incendie.

Au fil des mois, cet épisode qui n'a pratiquement pas filtré dans la presse est devenu un secret dont personne ne veut parler. J'ai sollicité en juillet un ami, ancien banquier fort bien introduit, pour qu'il me ménage un rendez-vous avec le sous-gouverneur de la Banque de France en charge de la Commission bancaire. « Je le rencontre jeudi prochain, me répond-il, je lui demanderai. Mais ce n'est pas un grand communicant. » Quand il m'a rappelé, ce fut pour m'informer – nous étions à la mi-juillet – que ce responsable de la Commission bancaire était parti en vacances jusqu'à la fin du mois d'août. Au moment précisément où je dois rendre ce manuscrit achevé. Toutes mes demandes d'interview adressées depuis à James Shephard, le responsable de la banque, et au sous-gouverneur de la Banque de France, Jean-Paul Redouin, sont restées sans réponse.

Le monde financier est probablement, de tous les secteurs d'activité, le plus opaque, celui, selon un témoin rencontré à Londres, « où ne filtre jamais la moindre parcelle de vérité ». Je ne pouvais imaginer, en écoutant son propos, à quel point il reflétait la réalité. La désinformation et le silence sont deux armes efficacement utilisées par ce milieu. Et pour protéger les secrets qui entourent 234 milliards de dollars, et les pratiques qui ont conduit à de tels excès, le silence, bien sûr, n'a pas de prix.

3

Longtemps, les firmes multinationales américaines et les grandes banques d'outre-Atlantique ont marché main dans la main, méprisant les réalités politiques et les clivages idéologiques. Cette collaboration connut son apogée au début des années soixante-dix, lors de la guerre du Viêtnam et du coup d'État au Chili contre le président Salvador Allende.

En 1968, le milliardaire Howard Hughes finança la campagne de Richard Nixon. Après la victoire du candidat républicain, il donna comme consigne à son homme de confiance Robert Maheu, ancien du FBI et proche de la mafia : « Allez rencontrer nos nouveaux amis à Washington, voyez ce qu'ils peuvent faire pour prolonger la guerre. »

Exprimées sur le mode paranoïaque, les préoccupations de Hughes rejoignent exactement celles des autres responsables de l'industrie militaire : continuer de réaliser des bénéfices records dans un conflit qui est un véritable eldorado pour les milieux d'affaires. Chaque avion américain abattu représente un nouveau chèque de 50 millions de dollars, tiré à l'ordre de Lockheed ou de Rockwell.

La lutte du peuple vietnamien a peut-être été « juste et héroïque », mais il paraît peu probable qu'elle ait suffi à elle seule à obtenir le repli en bon ordre des troupes américaines.

Face à une Amérique touchée par l'inflation et des augmentations d'impôts, l'existence financière du Viêtnam se chiffre à plus de 150 milliards de dollars qui bénéficient uniquement à des entreprises privées et à leurs actionnaires, lesquels n'ont jamais connu une telle prospérité.

Je me suis efforcé, au fil des années, de reconstituer la face cachée des événements et j'ai découvert une réalité bien éloignée de la vérité officielle.

Un président permanent

Le 20 avril 1972, le Boeing de Henry Kissinger, chef du Conseil national de sécurité de la Maison Blanche, quitte dans le plus grand secret la base aérienne d'Andrews, pour un aéroport discret situé près de Moscou. Immédiatement après l'atterrissage, un convoi de limousines gagne les « collines de Lénine » où se trouve Dom Pryoma, un luxueux complexe de repos réservé aux dirigeants soviétiques. Le black-out qui entoure la visite du conseiller présidentiel est total. Il rencontre longuement Leonid Brejnev, premier secrétaire général du parti communiste. Ces discussions marquent la première phase de la tactique de désengagement américain dans le Sud-Est asiatique. Pour la première fois, Washington accepte que des combattants de Hanoi restent au Sud. Plus de 100 000 Nord-Vietnamiens sont déjà installés à proximité du 17e parallèle, la frontière entre les deux Viêtnam. Kissinger demande à Brejnev de transmettre la nouvelle position américaine aux dirigeants de Hanoi. À cette époque, le conflit vietnamien constitue en fait une entrave à la politique de détente et de collaboration économique et financière entre Washington et Moscou. Les Soviétiques sont à la recherche de devises fortes et de crédits.

En 1970, le Kremlin a proposé à Ford de construire près de la Kama River, un affluent de la Volga, un gigantesque complexe industriel qui constituerait la plus grande usine de fabrication de camions au monde. La firme de Detroit a dû s'incliner devant le veto du Pentagone qui redoute que le matériel produit ne revête un caractère stratégique et que ces camions ne soient acheminés au Nord-Viêtnam. Mais les pressions sur Richard Nixon et son équipe s'accentuent. Les milieux financiers s'impatientent. La puissante Chase Manhattan Bank, présidée et contrôlée par David Rockefeller, qualifié de « personnalité la plus influente du monde des affaires occidental », est prête à financer la construction du complexe automobile. La Chase a également pris la tête d'un consortium bancaire qui souhaite apporter son soutien à d'importants projets en Union soviétique. Un ancien proche collaborateur de David Rockefeller qui travailla également pour deux présidents américains m'avait confié, montrant une photo où on le voyait aux côtés de l'héritier de la dynastie : « David, lui, était un président permanent. »

Dans une monumentale étude, Ferdinand Lundberg souligne que certains noms, symboles de la réussite capitaliste, revêtaient une dimension mythique pour les dirigeants communistes. À ce hit-parade, Rockefeller arrivait largement en tête parmi les interlocuteurs préférés des responsables du Kremlin.

En 1972, il convient pour Moscou et Washington de liquider le grand écart existant entre les positions idéologiques et les faits. Il est difficile de « justifier » cette coopération nouvelle qui s'instaure, quand, d'autre part, subsiste un conflit dans lequel les deux Grands sont également les tuteurs des deux adversaires. Nixon est rallié sans difficulté à une coopération économique et financière avec les communistes. Mais, en cette même année 1972, il joue sa réélection. Pas question de laisser entrevoir la moindre concession vis-à-vis du Nord-Viêtnam ou de Moscou. Pour rallier une majorité d'électeurs, il choisit une posture de fermeté et décide d'ordonner des bombardements massifs des lignes de communication nord-vietnamiennes et le minage du port de Haiphong. Une seule donnée fait hésiter le président américain : l'attitude de Leonid Brejnev qu'il doit prochainement rencontrer. Kissinger appelle Moscou. Il faut deux heures pour que la réponse parvienne à la Maison Blanche : les bombardements américains ne remettent pas en cause le sommet. À 13 heures, les responsables militaires reçoivent l'ordre de lancer les opérations ; à 21 heures, Nixon apparaît à la télévision, le visage grave, pour annoncer sa décision.

Seize jours après, il dîne à Moscou avec Brejnev, en compagnie de Kissinger. Les bombardements qui se poursuivent sur le Viêtnam ne sont même pas à l'ordre du jour. En revanche, le lende-main, le ministre des Finances américain William Simon, un des plus influents banquiers de Wall Street, signe, avec son homologue soviétique, le premier traité commercial soviéto-américain. Un financier, proche du dossier, me résuma cynique-ment cette période : « Nous avions magistralement bouclé ce dossier et les choses sérieuses pouvaient enfin commencer. Moscou avait faim de crédit et de technologie, nous étions prêts à les en gaver. Malheureusement nous avions sous-estimé l'imbé-cillité et la lourdeur du système communiste qui rendaient lentes et inopérantes les prises de déci-sion. C'est pourquoi nous avons totalement approuvé plus tard Ronald Reagan et son équipe lorsqu'ils ont envisagé de déstabiliser l'URSS et ses satellites pour les transformer en économie de marché. N'oubliez pas que bon nombre de ban-quiers et d'économistes conseillaient Reagan. Au premier rang desquels George Shultz, devenu son ministre des Affaires étrangères après avoir été le ministre des Finances de Nixon. » Un homme qui avait une connaissance intime du dossier soviétique… comme du dossier chilien !

Peu après le sommet tenu à Moscou, Kissinger se rend au Sud-Viêtnam et suggère au président Thieu de s'engager sur la voie d'un règlement. Ainsi, l'adversaire démocrate de Nixon, George McGovern, partisan d'une solution rapide du conflit et de l'abandon par les États-Unis du régime sud-vietnamien, ne pourra plus prétendre que Saigon reste un obstacle à la paix. Dans l'avion qui le ramène aux États-Unis où il doit rendre compte à Nixon de ses négociations, Kis-singer confie à ses collaborateurs : « Nous ne pouvons pas laisser le Viêtnam nous empoisonner encore quatre années. Une chose est sûre, il faut en finir brutalement une fois pour toutes. »

Financer des régimes hostiles et saisir toutes les opportunités qu'ils peuvent offrir a toujours été l'une des caractéristiques des responsables capitalistes. En 1930, le banquier Andrew Mellon, ministre des Finances du président Hoover, se retrouva, grâce à Staline, à la tête d'une des plus importantes collections privées de peinture.

À l'automne 1928, la répression croissante contre les paysans a fait chuter les récoltes et contraint Staline à rechercher d'urgence des devises étrangères. Il décide de vendre, dans le plus grand secret, une grande partie des trésors du musée de l'Ermitage, qu'il a fallu plus de cent ans pour constituer. Andrew Mellon achète en 1930-1931 vingt et une toiles pour la somme de 6 654 053 dollars. Le lot comprend cinq Rembrandt, un Van Eyck, deux Frans Hals, un Rubens, quatre Van Dyck, deux Raphaël, un Vélasquez, un Botticelli, un Véronèse, un Chardin, un Titien et un Pérugin. Selon tous les experts, il s'agit du plus bel ensemble jamais transféré à un particulier, et à si bon marché. L'achat de Mellon représente, en montant, le tiers des exportations soviétiques pour l'année 1930.

Cette transaction, survenue en pleine crise financière, ne manquait pas de sel : les milieux progressistes américains dressaient un parallèle entre les difficultés dans lesquelles leur pays était plongé et le cours, apparemment prospère, de l'économie soviétique. Le banquier Mellon constituait une de leurs cibles favorites : ils l'accusaient – à tort – d'être l'un des responsables de la crise, et de frauder le fisc – ce qui était vrai. Mais aucun de ces censeurs n'aurait pu penser l'impensable : l'économie soviétique, totalement ruinée par Staline, avait permis à un banquier capitaliste de mettre la main, pour une bouchée de pain, sur un fabuleux trésor artistique.

L'alliance conclue en 1970 entre les milieux financiers et plusieurs grandes entreprises multinationales pour renverser et éliminer physiquement le président chilien Salvador Allende, démocratiquement élu, illustre de façon saisissante la formule employée par Chateaubriand apercevant côte à côte Talleyrand et Joseph Fouché, le ministre de la Police de Napoléon : « Le vice appuyé sur le bras du crime. »

Aujourd'hui, plus personne ne se souvient d'ITT. En 1970, le conglomérat International Telegraph and Telephone employait 430 000 personnes réparties au sein de 800 sociétés implantées dans plus de 80 pays. Ce groupe, depuis sa création, incarnait avec une constance étonnante la face la plus inavouable du capitalisme.

« *Au service des hommes et des nations* »

En 1923, l'Espagne conservatrice de Primo de Rivera offre sa première chance à Sosthenes Behn, le fondateur d'ITT, en lui accordant l'exclusivité pour la péninsule Ibérique de toutes les installations téléphoniques. La petite compagnie portoricaine, autrefois en faillite, se trouve ainsi portée sur les fonts baptismaux du commerce mondial.

Très vite, le penchant de Behn pour les régimes totalitaires se confirme. Le 4 août 1933, il sera le premier homme d'affaires américain invité à Berchtesgaden par le nouveau chancelier du Reich, Adolf Hitler.

Sur le conseil de Wilhelm Keppler, conseiller économique de Hitler, le propriétaire d'ITT confie l'administration de ses sociétés allemandes au banquier Kurt von Schroeder, de la Stein Bank, qui deviendra quelques années plus tard général SS et un des principaux bailleurs de fonds de la Gestapo de Himmler. Gerhard Westrick est un autre collaborateur important de Behn. Avocat de renom et membre influent du parti nazi, il effectue de fréquents séjours à New York, descend au Waldorf Astoria et rencontre Behn au siège d'ITT, dans son bureau meublé en style Louis XIV et orné d'un portrait du pape Pie XI, à côté duquel est inscrite la devise de la firme : « Au service des hommes et des nations ».

En 1938, avec l'accord de Hermann Göring, Lorenz, filiale d'ITT, rachète 28 % du capital de Focke Wulf, dont les chasseurs bombardiers occasionneront de graves dommages aux convois et armées alliées. L'entrée en guerre de l'Allemagne ne modifie en aucune façon la stratégie de Behn.

En 1940, après une audience avec Hitler, il accepte que les Juifs soient éliminés des postes de direction de ses compagnies européennes. Quelques semaines plus tard, Westrick rencontre à New York Behn et Henry Ford, un autre sympathisant nazi. Mandaté par Ribbentrop, ministre des Affaires étrangères du Reich, Westrick demande à ses interlocuteurs de peser de tout leur poids pour obtenir la reddition de la Grande-Bretagne. Behn et Ford effectueront une démarche en ce sens auprès de Churchill.

En 1941, encouragé par l'attitude de son concurrent helvétique, Hasler, qui refuse de travailler pour l'Allemagne, ITT augmente les exportations de sa filiale suisse à destination du Troisième Reich. De 1941 à 1944, plus de la moitié de la production de ses usines espagnoles est destinée à soutenir l'effort de guerre nazi.

Paradoxalement, Sosthenes Behn, critiqué dans de nombreux cercles politiques, bénéficie de l'appui de la hiérarchie militaire américaine, qui compte en son sein de nombreux futurs dirigeants d'ITT. Pendant que les bombardiers qu'il fabrique en Allemagne mitraillent les troupes alliées, ses laboratoires américains achèvent la mise au point d'un sonar à haute fréquence, destiné à repérer les sous-marins allemands. Ce double jeu lui permettra d'être décoré en 1946 par Harry Truman, pour « sa contribution à l'effort militaire », de la plus haute distinction accordée à un civil. ITT obtiendra même de Washington 27 millions de dollars de dommages de guerre, dont 5 millions pour les dégâts subis par l'usine allemande qui fabriquait les bombardiers, considérée comme un bien américain victime des avions alliés !

« Faire gémir leur économie »

En 1970, son successeur à la tête de cet empire qui n'a cessé de s'étendre est Harold Geneen, personnage tout aussi autoritaire et amoral. Il s'inquiète de la probable victoire, à l'élection présidentielle chilienne, du candidat socialiste Salvador Allende. Les intérêts du conglomérat dans ce pays sont importants et il emploie plus de 6 000 personnes.

Geneen peut compter sur de nombreux relais à Washington, notamment grâce à John McCone, qui siège au conseil d'administration et fut directeur de la CIA à l'époque de Kennedy. McCone fait parvenir 350 000 dollars au candidat de l'extrême droite, Jorge Alessandri, ancien président de la République, leader du mouvement Patrie et Liberté et directeur local d'ITT.

Le 4 septembre 1970, Salvador Allende arrive en tête avec, pour son malheur, seulement 36 % des suffrages. Son élection doit être ratifiée trois semaines plus tard par le Parlement chilien réuni en Congrès. Le 13 septembre, Augustino Edwards arrive à Washington en provenance de Rome. Edwards est l'homme le plus riche du Chili. Il possède notamment une banque qui porte son nom, une station de télévision et le plus grand quotidien du pays, le très conservateur *El Mercurio*, qui s'est violemment opposé tout au long de la campagne au candidat socialiste. Surtout, Edwards siège au conseil d'administration de l'IBEC, un vaste groupe appartenant aux Rockefeller et contrôlant des intérêts puissants en Amérique latine, tout en investissant dans les pays communistes.

Le 14 septembre, l'homme d'affaires chilien rencontre Nelson Rockefeller, le frère de David, gouverneur de New York et futur vice-président, en compagnie de son assistante Nancy Magginess, la future épouse de Kissinger. Edwards se fait l'avocat d'une cause simple : il faut que les États-Unis interviennent avant que la victoire politique d'Allende soit confirmée et l'irréparable accompli. Le leader socialiste a mené sa campagne autour du thème des nationalisations et de l'indépendance du pays vis-à-vis du capital étranger.

Le lendemain 15 septembre, à 16 heures, Edwards rencontre Richard Helms, directeur de la CIA et futur ambassadeur en Iran. À 19 h 30, les deux hommes se retrouvent à la Maison Blanche. Au cours de cette réunion dans le Bureau ovale, Helms note quelques-unes des réflexions de Nixon : « Une chance sur dix peut-être, mais sauvons le Chili » ; « Pas concernés par les risques impliqués » ; « Dix millions de dollars, plus si c'est nécessaire » ; « Des jobs à plein temps et les meilleurs hommes que nous ayons » ; « Faire gémir leur économie ».

Le président paraît « dur », selon Helms qui reçoit l'ordre de préparer, en collaboration avec certaines factions de militaires chiliens, un coup d'État contre Allende. Cette opération, baptisée par Kissinger « Track 2 », doit être montée uniquement par la CIA, à l'insu du Département d'État et du Pentagone.

Au sein d'ITT, Harold Geneen confie à McCone le soin de coordonner, avec la CIA, la campagne de déstabilisation du régime chilien. ITT et Anaconda, le groupe minier, qui viennent d'être nationalisés, vont développer une véritable stratégie de la subversion. Geneen et son état-major travaillent au renversement d'Allende, en collaboration étroite avec l'adjoint de Kissinger, le général Haig, futur ministre des Affaires étrangères de Reagan, et Peter Peterson, ministre du Commerce, un personnage central sur lequel nous reviendrons dans ce livre et dont l'influence aujourd'hui reste considérable dans les milieux financiers.

Cent vingt rendez-vous avec des banquiers

Une véritable politique du garrot, un plan d'étranglement financier, se met en place à l'encontre du régime d'Allende entre 1971 et 1973. Les banques internationales vont réduire leurs lignes de crédit au Chili de plus de 300 millions de dollars à moins de 17 millions. Les investissements directs américains passent de un milliard de dollars en 1969 à moins de 100 millions. Les banques suisses jouent également un rôle important dans cette politique de blocus. La Banque pour le commerce international, installée à Genève et appartenant à une famille chilienne, assurera la liaison entre les adversaires du gouvernement d'unité populaire et les financiers internationaux.

William Colby, devenu, après Helms, le directeur de la CIA, m'a confié, beaucoup plus tard, au cours d'un déjeuner dans sa maison de Georgetown, à Washington : « Les sommes nécessaires [à la chute d'Allende] ont été acheminées par l'intermédiaire de banques européennes. »

L'appel à l'aide lancé à la communauté internationale par le président Allende, en 1972, à la tribune de l'ONU, semble presque dérisoire. Lorsqu'il déclare avec dignité : « J'accuse ITT, devant la conscience du monde, d'avoir voulu provoquer dans ma patrie une guerre civile qui, pour un pays, représente la désintégration totale », les micros devant lesquels il parle et les systèmes de sonorisation dans le bâtiment de l'ONU ont été fabriqués et installés par ITT.

À la recherche de soutiens, le leader chilien quitte New York pour Moscou où il est accueilli, au bas de la passerelle, par une direction soviétique au complet, « émue » par son calvaire. Tous réaffirment « la collaboration indéfectible de l'URSS à la juste lutte progressiste du peuple chilien contre les menées fascistes et impérialistes des grands monopoles nord-américains ». Mais, faisant preuve d'un excès de pudeur, les dirigeants communistes n'osent avouer à leur hôte que trois jours avant son arrivée, ils ont signé un vaste accord commercial avec ITT portant sur l'équipement des aéroports soviétiques en systèmes de réservation et de transmission. La firme de Geneen coopère avec Moscou depuis 1968, en pleine escalade du conflit vietnamien. Geneen éprouve visiblement la même fascination pour les régimes totalitaires que le fondateur du groupe, Sosthenes Behn.

Peu après l'assassinat d'Allende, Pinochet déclare : « Le vrai nationalisme ne consiste pas à rejeter le capital étranger. » Son ministre des Affaires étrangères, Ismaël Huerta, se rend aux États-Unis pour tenter de justifier le putsch sanglant. Au cours de son séjour, il aura plus de cent vingt rendez-vous avec des représentants de banques américaines. Manufacturer Hanover Trust, qui fut la première à se retirer du Chili, consent à la junte un prêt qui, selon les mots de son président, « relève plus de l'assistance psychologique et de l'expression d'une fidélité ». Un syndicat, composé de la Banker Trust, de l'Irving Trust et de la First National City Bank, attribue une importante ligne de crédit au nouveau régime militaire. La Bank of America et la Chase Manhattan constituent un autre syndicat bancaire en vue d'aider Pinochet, alors qu'une répression implacable s'abat sur le pays.

« *Je suis un gros matou de Wall Street* »

À la même période, jeune journaliste, j'assiste, à l'université de Stanford en Californie, à une manifestation riche d'enseignements : la cinquième conférence industrielle internationale, qui regroupe les responsables des plus grandes banques et des principales entreprises mondiales, auxquels se sont joints de nombreux dirigeants politiques. J'ai l'impression d'assister à l'Assemblée générale d'une ONU du monde des affaires. Je rencontre pour la première fois David Rockefeller, courtois et souriant, je croise John McCone, ancien directeur de la CIA et vice-président d'ITT, dont j'ignore bien évidemment à l'époque le rôle qu'il vient de jouer dans la chute d'Allende.

Un couple me fascine : celui formé par le ministre des Finances allemand, le socialiste Helmut Schmidt, futur chancelier, et le président d'honneur de la Deutsche Bank, qui n'est autre que Hermann Abs, ancien collaborateur de Hitler.

Un autre spectacle me stupéfie, alors que Salvador Allende vient à peine d'être assassiné ! Le président du quotidien chilien *El Mercurio*, qui fut l'adversaire déclaré d'Allende et affiche son soutien à Pinochet, converse cordialement avec German Vishiany. Ce personnage, gendre du Premier ministre soviétique Alekseï Kossyguine, responsable de haut rang du KGB, préside le comité d'État pour la science et la technologie, l'organisme chargé de négocier avec les banques et les entreprises occidentales.

Moi qui crois encore aux clivages et antagonismes idéologiques, j'observe, fasciné, ces représentants des deux formes de totalitarisme, fasciste et communiste, s'esclaffer, échanger des plaisanteries comme deux vieux complices.

À l'entrée de l'université de Stanford, de petits groupes de manifestants brandissent des pancartes condamnant le rôle joué par certaines banques et firmes multinationales dans la chute du gouvernement chilien. L'une des cibles des manifestants est Peter Peterson, présent à la réunion. Le ministre du Commerce de Nixon qui va, quelques mois plus tard, prendre la tête de la banque Lehman Brothers, a joué un rôle clé dans la coopération financière et commerciale accrue avec Moscou, mais aussi dans la coordination du blocus économique à l'encontre du Chili. Face à ces accusations, je le revois hausser les épaules, indifférent, en lâchant : « Cette conférence n'a rien à voir avec la politique. »

Trente-six ans plus tard, je croise à nouveau sa trajectoire, en enquêtant sur la crise financière. L'homme, désormais âgé de quatre-vingt-trois ans, est aujourd'hui la personnalité la plus influente de l'establishment financier américain. Il a dirigé pendant plusieurs années le Council of

Foreign Relations, dont il est toujours le président d'honneur. Cet organisme privé, à l'influence considérable, est une véritable passerelle entre le monde des affaires et le pouvoir politique américain. Il a ensuite cocréé en 1985, avec Stephen Schwarzman, le fonds d'investissement Blackstone qui gérait, jusqu'en 2008, 116 milliards de dollars et contrôlait plus de cent sociétés rachetées à travers ses fonds successifs, Blackstone 1, 2, 3, 4 et 5. En 2007, le montant de ses acquisitions se chiffrait à 33,1 milliards de dollars.

Comme ses concurrents, Blackstone fonctionne selon une philosophie extrêmement simple : mettre la main sur des sociétés de qualité et à fort potentiel, mais en difficulté, les restructurer impitoyablement en réduisant les coûts et notamment les emplois, puis les revendre quelques années plus tard avec un important bénéfice. Aucune cohérence industrielle dans ces opérations, mais une logique de prédateur, où le profit réalisé demeure le seul objectif. Pour financer ces opérations, des fonds comme Blackstone font appel à l'emprunt et à de gros investisseurs. Les bénéfices dégagés par l'entreprise rachetée permettent de rembourser la dette, avec un coût humain et social souvent considérable.

En juin 2007, Peter Peterson et son associé Schwarzman ont décidé d'introduire Blackstone en Bourse et, parallèlement, de céder 10 % du groupe à l'État chinois pour 3 milliards de dollars. Les temps ont changé, mais l'instinct et le comportement de Peterson demeurent immuables : hier l'Union soviétique, aujourd'hui la Chine ; pour ce pilier de Wall Street, les régimes communistes sont des eldorados. Cette vente et l'entrée en Bourse valorisent Blackstone à 32 milliards et permettent de récupérer 8 milliards de dollars dont 1,68 milliard est allé sur le compte de Peterson et 449 millions sur celui de Schwarzman.

En réalisant leur opération, les deux financiers se sont montrés extrêmement avisés. Ils vendaient au plus haut et au plus cher, en empochant un gigantesque bénéfice, alors même que les prémices de la crise, dont évidemment ils n'ignoraient rien, se profilaient. En revanche, pour l'État chinois et ceux qui avaient souscrit ces actions en Bourse, dont de nombreux petits porteurs, ce fut une opération calamiteuse. Ils avaient acheté trop tard, illustrant l'adage boursier : « Quand votre chauffeur de taxi s'intéresse à la Bourse, il faut vendre. »

Le développement de la crise fit perdre à Blackstone plus de 60 % de sa valeur, mais n'écorna pas le moins du monde la réputation de Peterson. Le vieil homme, qui se qualifie avec humour de « gros matou de Wall Street », a l'esprit toujours aussi alerte ; ce véritable Talleyrand du monde financier est aujourd'hui un des conseillers économiques officieux les plus écoutés de Barack Obama...

4

À la différence de 1929, la crise financière que nous traversons est immédiatement devenue planétaire.

Le 23 novembre 1929, la tempête de neige qui balayait depuis une semaine l'est de l'Amérique vient de cesser. Elle a paralysé des régions entières. Pendant un bref moment, les éléments ont eu raison de la formidable activité d'un pays dont la production se développait quatre fois plus vite que sa population, grâce à l'introduction de la force motrice dans les usines et à la rationalisation des fabrications. On crie au triomphe de la raison. « Le doute, écrit Fernand Gigon, le pessimisme, la peur : autant de mots bannis des conversations, effacés des dictionnaires. Fasciné par l'éclat de l'argent et par la facilité avec laquelle Wall Street le fait fructifier, le peuple américain retourne ses poches. À chaque seconde de chaque jour ouvrable, affirme un banquier, mille dollars prennent le chemin de New York et s'investissent dans les actions des grandes sociétés industrielles ou dans les obligations des villes et des États. En vingt-quatre heures, chaque jour, ce sont 849 millions de dollars qu'une masse de 15 millions d'hommes ou de femmes confient à la Bourse. Un Américain sur trois, grâce à son épargne, est directement intéressé aux victoires et aux ascensions du New York Stock Exchange [1]. »

« *Le massacre des innocents* »

« La hausse nourrit la hausse, explique Philippe Lefournier. Les gens empruntent pour spéculer. Les agents de change prêtent à leurs clients en prenant les titres achetés en garantie ; les courtiers empruntent à leur tour à court terme auprès des banques : les prêts aux courtiers gonflent d'un milliard de dollars en 1923 à 7 milliards à la veille du krach. »

Le 24 novembre 1929, il faut cent quatre minutes à la Bourse de New York pour s'effondrer et perdre en une seule séance 9 milliards de dollars. Le début de la course à l'abîme.

Le grand économiste John Kenneth Galbraith, géant au regard ironique, qui fut le conseiller de John Kennedy, m'avait résumé d'une formule l'impact du krach aux États-Unis : « Durant la première semaine, ce fut le massacre des innocents, puis, durant la seconde semaine, il semble que ce furent les gens aisés et les riches qui furent soumis à un processus de nivellement comparable en grandeur et soudaineté à celui auquel Lénine avait procédé en Union soviétique, douze ans auparavant. » Mais il fallut plusieurs mois pour que la crise s'étende au reste du monde, disloque l'économie et porte, à terme, les germes de la Seconde Guerre mondiale.

1. Fernand Gigon, *Le Jeudi noir*, Laffont, 1976.

La crise de 1929 fut sans aucun doute à l'origine de la première « démondialisation », stoppant la circulation des capitaux, perturbant les échanges commerciaux et provoquant la montée du protectionnisme et des nationalismes.

En 2008, la crise se propagea immédiatement parce que la mondialisation en cours a permis au secteur financier d'acquérir un pouvoir et une impunité sans précédent. L'argent, essence même du capitalisme, est devenu, avec la mondialisation, le produit capitalistique parfait : immatériel, pouvant être transféré en un instant à l'autre bout de la planète, échappant à tout contrôle. Grâce à la vitesse, le système financier se transforme en un véritable écosystème global.

La mondialisation engendre des mondes totalement désynchronisés où aucun des protagonistes ne vit au même rythme ni ne poursuit les mêmes objectifs. Le temps devient l'élément de mesure ultime, il accentue les inégalités et les handicaps.

Cette brusque accélération rend les prises de décision politiques encore plus inefficaces et obsolètes. Même phénomène dans l'industrie classique : mettre en place des usines, des outils de production, embaucher des travailleurs, prend du temps. *A contrario*, les contrats financiers peuvent être rédigés et conclus instantanément et sans les limites géographiques imposées par les productions traditionnelles. Mais personne n'a encore compris que le monde financier, totalement déconnecté des réalités, ne s'intéresse qu'à lui et aux profits qu'il peut amplifier.

« *La crise est née à cinq mille kilomètres de New York* »

Je partage l'opinion du philosophe Paul Virilio qui considère que « l'économie de la richesse est devenue économie de la vitesse[1] ». Et il poursuit : « On dit que le temps c'est de l'argent. J'ajoute que la vitesse – la Bourse le prouve – c'est le pouvoir. » Mais si le krach de 2008 est selon lui « l'accident intégral par excellence », il découle d'excès inimaginables qui révèlent la toute-puissance de la finance sur l'économie réelle.

Je suis convaincu qu'il faut remonter vingt-cinq ans en arrière pour comprendre les origines de la crise qui a éclaté à Wall Street en 2008. Elle est à rechercher à cinq mille kilomètres de New York, dans la Silicon Valley, cette pointe extrême du capitalisme située à 60 kilomètres de San Francisco. Un univers fascinant d'où vont naître deux convictions qui se répandront à travers les États-Unis et se transformeront en dogmes, créant des dommages irréparables : 1. Le culte de la toute-puissance informatique et celui de la vitesse qui vont aboutir à la création de modèles mathématiques pour la finance. 2. L'indispensable abandon des industries traditionnelles.

Dans les années vingt, jusqu'au krach boursier, les centaines de milliers d'hectares de vergers sont la seule ressource que le nord de la Californie peut opposer à la puissance industrielle triomphante de l'est et du nord du pays : la physionomie d'une économie du tiers-monde. Pourtant condamnée

1. Paul Virilio, *Le Monde*, 19-20 octobre 2008.

au développement ou à l'inexistence, c'est du manque que va naître sa force, du défi qu'elle tirera son prestige, de la misère qu'émergera sa richesse.

Je découvre ce phénomène en 1984. « Au fond, me confie Edward Luhrman, un des rares historiens de cette révolution technologique, qu'est-ce que la Silicon Valley ? Simplement du sable et des cerveaux. Du sable pour le silicium avec lequel on fabrique les puces et des cerveaux pour les concevoir et s'en servir. La preuve qu'il existe désormais différentes manières d'exploiter un capital de façon intensive. » Nous discutons dans sa maison de Grizzley Park, délicieuse demeure en bois accrochée au sommet d'une colline. En contrebas, dans le soir naissant, on distingue l'université de Berkeley, une des pépinières de la Silicon Valley avec Stanford et Caltech. Elle forme des diplômés entreprenants qui sont directement en contact avec des sociétés de capital-risque. Un Meccano parfait. Ici, la révolution postindustrielle est lancée et le pouvoir économique paraît avoir été conquis par l'intelligence scientifique. Je rencontre Ted Hoff, l'homme qui a conçu le microprocesseur pour la firme Intel. En 1969, le microprocesseur n'existait pas ; en 1975, 750 000 d'entre eux étaient en activité. Il m'explique que la première puce qu'il a conçue réunissait 2 250 éléments. Il a fallu douze courtes années pour aboutir aux 450 000 transistors maintenant nichés dans le microprocesseur aux reflets gris posé au creux de sa main. Aujourd'hui, une puce contient parfois jusqu'à 2 milliards de transistors.

Je décèle, dans les propos que me tiennent les dirigeants de ces sociétés de haute technologie, une arrogance dont je mesure aujourd'hui à quel point elle était dangereuse. À l'époque, déjà, ce paradis de l'innovation constitue un défi aux règles classiques de l'industrie, alors que l'économie mondiale s'effondre par pans entiers et que les politiques nationales se révèlent stériles, sécrétant chômage, inflation, crises de production.

J'arrive de Detroit où déjà, en 1983, les trois géants de l'automobile, General Motors, Ford et Chrysler, plient sous les coups de boutoir de la concurrence japonaise. Deux millions de salariés travaillent encore pour ces trois groupes. L'industrie automobile entame là son agonie, qui s'est achevée avec les faillites de General Motors et Chrysler. L'industrie automobile va mourir d'avoir bénéficié de trop nombreux privilèges. Le spectacle qu'offre Detroit est déjà celui d'une ville sinistrée : rues désertes, magasins fermés, couvre-feu instauré par la municipalité pour faire face à la délinquance.

Quand je décris cette réalité à Robert Noyce, le fondateur d'Intel, il a une grimace agacée : « Nous entendons de partout monter des plaintes venant d'usines vieillies, d'industries en déclin, de secteurs improductifs, me répond-il, mais le bon moment pour se préoccuper des industries du passé qui n'ont pas su se transformer à temps, c'était il y a dix ans. Aujourd'hui, il s'agit d'autre chose : il faut investir nos forces dans l'informatique, les semi-conducteurs, les télécommunications. Il n'y a, à l'heure actuelle, qu'un seul secteur dans l'économie américaine qui soit vraiment porteur d'avenir, il ne faut pas s'y tromper : c'est celui de la haute technologie et de ce qui s'y trouve lié. »

Son rival le plus direct, Fred Bucy, le président de Texas Instruments, me dresse le même constat implacable. « Avant dix ans, l'ensemble des industries électroniques et informatiques sera plus vaste que tout le secteur de l'automobile et de l'acier. »

Les hommes qui prononcent ces sentences de mort à l'encontre des industries classiques raisonnent au fond comme des pionniers qui ont façonné une économie de marché qui semble en être encore à son stade idéal. C'est le mythe, restitué dans sa vigueur et sa rigueur, d'un capitalisme non dénaturé. Mais ces raisonnements vont être lourds de conséquences : dans une Amérique marquée au milieu des années quatre-vingt par le déclin des grandes entreprises, les technologies de l'information, au cœur du programme de la guerre des étoiles lancé par Ronald Reagan, vont apparaître aux yeux des responsables politiques comme la véritable alternative industrielle pour les États-Unis. J'ai parlé plus haut de convictions qui vont se transformer en dogmes. C'est exactement ce qui s'ébauche à cette époque, avec un double credo : pratiquer un darwinisme industriel en laissant disparaître les entreprises en difficulté et les secteurs en déclin, tout en favorisant l'émergence de l'industrie de l'information et des technologies qu'elle génère. Avec, comme culte, l'exigence d'une circulation sans cesse plus rapide des informations.

Un triple désastre

Ces choix vont conduire les États-Unis à un triple désastre : « En dix ans, de 1998 à 2008, rappelle Patrick Artus, l'emploi industriel a perdu le quart de ses effectifs, tandis que la production industrielle, hors nouvelles technologies, stagne et que le taux d'investissement dans l'industrie était divisé par deux. En 2009, l'industrie manufacturière américaine emploie désormais à peine 13 millions de personnes aux États-Unis, soit 4,5 millions de moins qu'en 2000. Sa part dans la population active est passée en un demi-siècle de 24 à 11 %. Un phénomène qui s'est accentué depuis 2000 : les deux tiers des destructions d'emplois enregistrées en 2008 touchent l'industrie manufacturière[1]. »

Par ailleurs, le pari sur les technologies de l'information, précise-t-il, se révèle lui aussi un échec : elles ne représentent que 3,8 % de l'emploi total américain, et, même avec une croissance annuelle à deux chiffres, le secteur demeure modeste, comme sa part dans la croissance américaine, un seul petit point.

Troisième désastre : l'irrésistible montée en puissance de l'industrie financière. De 1973 à 1985, les profits dégagés par le secteur financier se chiffraient à seulement 16 % de l'ensemble des profits dégagés par le monde de l'entreprise. En 1986, ce chiffre atteint 19 %. Dans les années quatre-vingt-dix, il oscille entre 21 et 31 %, pour dépasser les 41 % au début de cette décennie. Les salaires et bonus dans les établissements financiers explosent au même rythme.

Pour détenir un pouvoir sans partage et réaliser sans cesse des bénéfices records, les banques vont devenir des « marchands de dettes ». Le contexte

---

1. Patrick Artus, Marie-Paule Virard, *Est-il trop tard pour sauver l'Amérique ?*, La Découverte, 2009.

ne peut pas leur être plus favorable. Le déclin du tissu industriel pèse sur la croissance et oblige le pays à accroître sans cesse son endettement. La dette publique devient également une arme politique qui permet aux gouvernements de pratiquer des baisses massives d'impôts, tout en ne cessant d'augmenter les budgets militaires, alors même que l'État fédéral voit s'amenuiser ses recettes.

Au cours des deux dernières décennies, la dette aux États-Unis, liée au marché du crédit, quadruple, passant de 11 000 milliards de dollars au chiffre vertigineux de 44 000 milliards de dollars. Mais cette véritable explosion est moins le fait de la dette gouvernementale que de crédits consentis aux particuliers.

« La classe moyenne au bord du précipice »

En 1977, *Time Magazine* soulignait que « la société d'abondance est devenue une société du crédit où la volonté d'acheter uniquement lorsque l'on peut payer en liquide vous fait passer pour démodé ».

Entre 1990 et 2003, le nombre d'Américains détenteurs de cartes de crédit passe de 82 millions à 144 millions ; et les montants dépensés durant la même période vont décoller de 338 milliards de dollars à 1 500 milliards de dollars.

L'économiste Meredith Whitney évaluait en mars 2009[1] à 5 000 milliards de dollars le montant des lignes de crédits consentis aux détenteurs de cartes. Les pénalités liées aux défauts de paiement ou aux découverts sur ces cartes ont permis aux

---

1. Meredith Whitney, *The Wall Street Journal*, 11 mars 2009.

banques d'accroître leurs bénéfices de 28 % en 2000, à 35 % en 2003 et 39 % en 2004, pour atteindre en 2008 le montant record de plus de 60 %.

Face à ce phénomène, l'explication avancée me semble en grande partie fausse : constamment sollicités par la publicité, les médias et les secteurs financiers, les Américains, incapables de résister aux sirènes de la dépense, sont devenus des consommateurs compulsifs et irresponsables.

Je pense que la réalité est tout autre. Cette frénésie d'emprunt reflète, au fil des ans, non pas l'insouciance des Américains, mais au contraire leur inquiétude face à la diminution de leur pouvoir d'achat. Les revenus stagnent ou déclinent et la classe moyenne, le cœur de la société américaine, s'appauvrit, tandis que 1 % de la population détient plus de 16 % du revenu national.

J'ai sous les yeux une étude publiée par le *Harvard Magazine*, en janvier-février 2006, c'est-à-dire un an avant la crise des subprimes (crédits immobiliers douteux). L'auteur, Elizabeth Warren, a choisi un titre qui frappe les esprits : « La classe moyenne au bord du précipice ; les risques financiers augmentent pour les familles américaines[1] ».

Le tableau qu'elle brosse est éloigné de tous les stéréotypes. Elle souligne qu'en une génération, des millions de femmes mariées et mères de famille sont entrées sur le marché du travail.

1. Elizabeth Warren, « The Middle Class on the Precipice. Rising Financial Risks for American Families », *Harvard Magazine*, janvier-février 2006.

Désormais, le foyer type de la classe moyenne ne repose plus sur le seul revenu du père, comme ce fut le cas pendant des décennies. Au lieu de s'attacher aux implications sociales de ce changement, elle en étudie l'impact économique. Aujourd'hui, le revenu moyen annuel d'un salarié à plein temps est de 41 670 dollars, soit près de 800 dollars de moins qu'une génération auparavant. Le revenu de l'épouse permet à cette famille d'atteindre 73 770 dollars. Une augmentation de 75 % par rapport aux années soixante-dix, qui n'est qu'apparente. Ces couples n'ont pas droit à la moindre marge d'erreur et la perte d'un des deux salaires se révèle souvent catastrophique. En effet, le niveau de leurs frais fixes annuels n'a cessé de s'alourdir : 30 % partent aux impôts, tandis que le remboursement annuel des emprunts immobiliers dépasse les 10 500 dollars. Un enfant à l'école primaire, qui reste ensuite en étude et part en vacances d'été, coûte 5 660 dollars. Pour le second enfant, en maternelle, le montant est encore plus élevé, 6 920 dollars. Les deux véhicules utilisés par les parents leur coûtent 8 000 dollars et les frais d'assurance se montent à 1 970 dollars. Conclusion d'Elizabeth Warren : les deux salaires assurent à cette famille un pouvoir d'achat inférieur de 1 500 dollars, pour les dépenses courantes, à celui qui découlait au début des années soixante-dix d'un seul revenu.

Elle détaille également le budget d'une famille de même catégorie sociale vivant sur un seul revenu. Ses frais fixes payés, il lui reste 5 500 dollars par an, soit moins de 500 dollars par mois, pour l'achat de nourriture, vêtements, fournitures diverses et paiement d'une assurance vie. Un niveau de vie qui a chuté de 72 % par rapport aux revenus disponibles une génération auparavant.

« *Prenez l'avion et descendez à l'hôtel* »

Elle remet en cause l'idée reçue selon laquelle la classe moyenne américaine s'endetterait, gagnée par la « fièvre du luxe ». Le piège de l'endettement qui se referme sur des millions d'Américains provient avant tout, comme en Europe, de leur incapacité à disposer de ressources suffisantes pour assumer les dépenses de la vie courante.

« Les familles de la classe moyenne, estime Elizabeth Warren, sont menacées sur chaque front et les vieilles règles financières du crédit ont été réécrites par de puissantes firmes qui considèrent les familles de la classe moyenne comme le butin obtenu grâce à leur influence politique. »

J'étais à New York juste après le 11-Septembre et j'avais été stupéfait d'entendre George Bush demander aux citoyens américains, déjà lourdement endettés, d'afficher leur patriotisme en consommant : « Prenez l'avion et descendez à l'hôtel », leur avait-il dit. L'indigence du discours politique reflétait l'impasse dans lequel le système se trouvait plongé : réussir à convaincre une opinion dont l'horizon s'obscurcissait de continuer à croire dans la réalité du rêve américain. Une équation apparemment insoluble que Wall Street allait résoudre avec brio : favoriser l'endettement massif, notamment des plus pauvres, à travers les crédits immobiliers et hypothécaires, allait lui permettre, grâce à un tour de passe-passe illégal et immoral, de transformer ces prêts-poubelle en sources de profits démesurés. Et, très accessoirement, de ruiner des millions de personnes.

5

« Wall Street, c'est l'omerta. » Mon interlocuteur esquisse un léger sourire avant de poursuivre : « Les seuls bénéficiaires de la crise sont ceux qui l'ont provoquée et ils n'accepteront jamais de vous parler. » Nous sommes assis dans un bar à moitié vide, derrière Broad Street, la rue qui conduit à la Bourse, le New York Stock Exchange. L'homme, âgé de quarante-six ans, est vice-président d'une des grandes banques d'investissement ; il n'a accepté qu'avec réticence ce rendez-vous, et uniquement parce que nous avons des amis communs… Je commence à évoquer l'ampleur de la crise, ses effets sur l'économie, l'emploi, mais il m'interrompt, agacé : « J'ai trente minutes à vous consacrer, alors posez-moi des questions concrètes. » Je le regarde, choqué, il rétorque : « Vous voulez que je vous le dise explicitement, eh bien oui, comme tous ceux qui travaillent ici, je suis profondément indifférent aux réalités que vous évoquez. C'est le problème des politiques. Je vais vous révéler quelque chose : ici, nous sommes toujours gagnants… » Il détache soigneusement ses mots : « … parce que Wall Street méprise

et ignore toutes les règles de la démocratie. »
L'entretien devient vite un dialogue de sourds, qui
tourne court au bout de vingt-cinq minutes. Au
moment de nous séparer, il plante son regard dans
le mien : « Bien entendu, je ne vous ai jamais parlé,
et si vous aviez la tentation de me citer, je vous
poursuivrais en diffamation[1]. »

Je remonte jusqu'à la Bourse, située à trois cents
mètres. Le New York Stock Exchange ressemble
à un véritable camp retranché. Des volets métalliques soigneusement clos protègent les fenêtres de
la façade, ceinturée par des barrières métalliques
et un cordon de voitures de police qui stationnent
juste devant. Une immense bannière étoilée est
tendue sur toute la largeur de la façade. Peut-être
une tentative cynique pour essayer de convaincre
l'opinion du patriotisme de Wall Street. Seul signe
de vie, le bandeau électronique où défilent les
cotations, placé juste au-dessus d'une petite porte
d'entrée.

En l'observant attentivement, je trouve que le
bâtiment de la Bourse ressemble à un temple, un
lieu de culte. La religion traditionnelle est repré-
sentée, beaucoup plus modestement, par la petite
église de la Trinité située sur Broadway, à
quelques dizaines de mètres.

10 milliards de bonus, 14 millions d'impôts

Les deux rouages du système américain, le discours noble du politique et l'avidité silencieuse du

1. Entretien avec l'auteur, mai 2009.

financier, ont pris naissance à ce petit carrefour toujours sombre où les rues étroites empêchent pratiquement le moindre rayon de soleil de filtrer. Face à la Bourse, se trouve en effet le Federal Hall, avec ses colonnes de temple grec et la statue de George Washington qui prêta serment en ce lieu, comme premier président des États-Unis. Le Federal Hall abrite une exposition consacrée à Lincoln et les affiches accrochées au mur reproduisent un portrait au visage mélancolique de l'ancien président. En l'observant plus attentivement, je constate que le regard triste et sévère de Lincoln est curieusement dirigé sur la Bourse située juste en face.

L'insupportable arrogance de mon interlocuteur, rencontré une heure plus tôt, est fondée : à quelques dizaines de mètres, sur Broad Street, Goldman Sachs vient d'annoncer des profits records de 3,44 milliards de dollars pour le dernier trimestre.

Cinq cent mille Américains, en moyenne, perdent leur travail chaque mois, mais Goldman Sachs gagne 38 millions de dollars par jour ou, si l'on veut décomposer, 1,58 million de dollars par heure et 439 dollars par seconde. La firme se prépare à répartir en fin d'année 23,4 milliards de dollars de salaires et bonus entre ses 22 000 employés. Un bénéfice largement obtenu grâce aux milliards de dollars prélevés dans les poches des contribuables américains et complaisamment octroyés en 2008 à la banque par le ministre des Finances de l'époque, Henry Paulson, qui n'est autre que son ancien président.

À la fin de l'année 2008, au moment où la tourmente financière battait son plein, Goldman publia un profit de 2 milliards de dollars et, inconscience ou provocation, annonça le versement de 10 milliards en bonus et compensations. Des sommes qui contrastaient singulièrement avec le montant des impôts payés par l'établissement : 14 millions de dollars, soit un niveau d'imposition de… 1 %. Goldman et ses rivaux, adeptes forcenés de la mondialisation, utilisent des pays étrangers pratiquant une fiscalité douce et compréhensive. Ils s'offrent même parfois le luxe, lorsqu'ils rapatrient l'argent, de réclamer au Trésor américain des réductions d'impôts. Ces manipulations comptables et l'usage, sur une si large échelle, des paradis fiscaux ne semblent guère émouvoir l'administration américaine. Un rapport du General Accounting Office, l'équivalent de la Cour des comptes, révèle qu'entre 1998 et 2008, près des deux tiers des sociétés opérant aux États-Unis ne payaient aucun impôt.

Matt Taibbi a qualifié Goldman Sachs de « pieuvre vampirique et tentaculaire qui s'empare de l'humanité tout entière[1] ». La métaphore est peut-être naïve mais elle n'est pas totalement exagérée. Goldman et ses concurrents sont sortis renforcés et enrichis de toutes les crises financières qui ont ébranlé l'économie mondiale depuis des décennies.

Les établissements comme Goldman sont qualifiés de « banques d'investissement », mais c'est un titre aussi discutable que celui de baron sous le Second Empire. Elles ne détiennent pas de dépôts,

---

1. Matt Taibbi, « Inside the Great American Bubble Machine », *Rolling Stone*, 13 juillet 2009.

ne consentent pas de prêts aux particuliers, ne créent pas de richesses. Ce sont, avant tout, des sociétés profilées pour la spéculation et qui n'ont de cesse que de manipuler les marchés.

L'économiste John Kenneth Galbraith, évoquant la crise économique de 1929, en brosse un portrait éclairant. « L'exemple le plus remarquable d'architecture spéculative de la fin des années vingt, écrit-il, fut la société ou le trust d'investissement. Elle ne créait pas de nouvelles entreprises ou n'agrandissait pas les anciennes, elle s'arrangeait simplement pour que des gens puissent posséder les titres de vieilles sociétés par l'entremise de nouvelles. Même aux États-Unis dans les années vingt, il y avait des limites au montant du capital réel que des entreprises existantes ou nouvellement créées pouvaient utiliser. La vertu de la société d'investissement était qu'elle entraînait un divorce presque complet entre le volume des valeurs des sociétés à recouvrer et celui de leurs biens existants. Le premier pouvait être le double, le triple ou n'importe quel multiple du second. » Galbraith estime que la découverte du « levier », probablement au début de l'année 1929, fut, pour ces firmes spéculatives, un tournant d'une importance comparable à celle qui suivit, pour l'humanité, l'invention de la roue. « C'était la magie. Si les actions ordinaires de la société qui avaient si miraculeusement augmenté en volume étaient détenues par une autre société ayant un levier semblable, les actions ordinaires de cette autre société connaîtraient une augmentation d'entre 700 et 800 % par rapport à l'avance originelle de 50 % et ainsi de suite. »

« Une société d'investissement créée en décembre 1928, un an avant le krach, précise-t-il, allait se révéler d'une redoutable ingéniosité dans ce domaine. Elle se nommait Goldman Sachs Trading Company. Elle émit un million de parts qu'elle acheta 100 dollars l'action, soit un total de 100 millions de dollars. 90 % [des parts] furent alors vendues au public à 104 dollars l'action. Trois mois après, elle atteignit 136 dollars et, cinq jours plus tard, elle crevait le plafond de 222 dollars.

« Immédiatement après, la découverte du "levier" permit à Goldman de créer la société Shenandoah qui émit pour 102 500 000 dollars de titres. L'engouement était tel qu'ils furent souscrits sept fois et l'action émise à 17,50 dollars atteignait le premier jour un sommet de 36 dollars. Goldman créa alors dans la foulée une nouvelle société, Blue Ridge Corporation, qui émit 7 250 000 actions dont 6 250 000 étaient possédées par la société précédente, Shenandoah. Goldman tirait tous les fils[1]. »

Des pratiques peu éloignées du schéma de l'escroc Ponzi qui sévissait à cette époque et dont Madoff s'est inspiré. Elles ressemblent également étrangement aux mécanismes de la crise actuelle. « Vous prenez 1 dollar, écrit Matt Taibbi, et vous en empruntez 9 ; avec ces 10 dollars, vous en empruntez 90 ; puis, avec les 100, vous empruntez et investissez 900. Si le dernier fonds commence à perdre de sa valeur, vous n'avez plus d'argent pour payer les investisseurs et tout le monde est mas-

1. John Kenneth Galbraith, *La Crise économique de 1929*, Payot, 2008.

sacré. » Un système de cavalerie bâti sur une pyramide de sociétés. Galbraith écrivit en conclusion, avec son humour caustique : « S'il doit y avoir folie, il vaut mieux lui donner des dimensions quasi héroïques. » Il estimait, en le regrettant, que ces méthodes marquaient l'apogée d'une nouvelle ère financière, mais il m'avait confié en 1980 : « L'avidité, on ne peut le déplorer puisque c'est ainsi, est le ressort humain essentiel pour comprendre l'activité financière. Mais on peut craindre que cette dernière, à force d'ingéniosité et de pouvoir, s'affranchisse de toutes les règles et contraintes édictées par les politiques. » C'est exactement la situation où nous sommes aujourd'hui.

Une nouvelle oligarchie financière

Les sociétés comme Goldman pouvaient être considérées comme les principales responsables du krach de 1929. Le *Wall Street Journal* déclarait à ses lecteurs sur un ton biblique : « En vérité, je vous le dis, que la crainte du marché soit la loi de votre vie et conformez-vous aux paroles du vendeur d'obligations… »

En 1930, une commission du Sénat auditionna à Washington Samuel Sachs.

– Sénateur COUZENS : Est-ce que la Goldman, Sachs and Company a créé la Goldman Sachs Trading Company ?

– Samuel SACHS : Oui, monsieur.

– Sénateur COUZENS : Et elle a vendu ses actions au public ?

– Samuel SACHS : Une partie. Les firmes achetè-
rent au départ 10 % de l'émission totale pour la
somme de 10 millions de dollars.

– Sénateur COUZENS : Et les autres 90 % furent
vendus au public ?

– Samuel SACHS : Oui, monsieur.

– Sénateur COUZENS : À quel prix ?

– Samuel SACHS : C'est-à-dire les anciennes
actions… les actions étaient fractionnées à deux
contre un.

– Sénateur COUZENS : Et quel est le prix des
actions maintenant ?

– Samuel SACHS : Approximativement 1,75
dollar.

Aucun bouc émissaire ou coupable ne fut
désigné à l'opprobre du public, et surtout pas
Goldman Sachs. La plupart des historiens qui se
penchèrent sur cette période conclurent que les
dérives boursières ayant précipité le krach reflétaient la faiblesse des codes de moralité existant
alors dans les milieux financiers. Une conclusion
pour le moins naïve et optimiste à la lumière des
comportements actuels.

En 1932, l'arrivée au pouvoir de Franklin
Delano Roosevelt, alors que la grande crise économique et sociale s'amplifiait, conduisit à mettre
en place un certain nombre de garde-fous destinés
à limiter les excès et pratiques douteuses des banques. Ce fut notamment, en 1933, l'amendement
Glass Steagall Act qui rendait incompatibles les
métiers de banque de dépôts et de banque d'investissement, et interdisait toute fusion entre ces deux
types d'établissements. Puis, en 1936, une loi du
Congrès, toujours à majorité démocrate, vota la

création de la Commodity and Future Trading Commission (CFTC), chargée de contrôler les risques de manipulation des marchés.

Pendant des décennies, les milieux financiers menèrent en vain un combat acharné pour obtenir la suppression de ces mesures qu'ils considéraient comme une limitation intolérable à des perspectives accrues de profits. Lorsqu'ils parvinrent à leurs fins, au terme d'une longue marche qui n'avait rien eu de révolutionnaire, ce succès coïncidait avec l'influence sans partage qu'ils exerçaient désormais sur le pouvoir politique.

Une nouvelle fois, l'Histoire faisait preuve d'ironie. Le krach de 1929 avait radicalisé les clivages politiques. Les présidents républicains Coolidge et Hoover, qui précédèrent Franklin Roosevelt, entretenaient des liens avec les financiers de Wall Street, bien que Roosevelt ait bénéficié des efforts déployés par Hoover pour tenter de sortir de la crise. Mais « avec l'avènement du New Deal », comme l'écrit Galbraith, « les péchés de Wall Street devinrent ceux de l'ennemi politique. Ce qui était mauvais pour Wall Street était mauvais pour le parti républicain. En 1932, les républicains avaient définitivement perdu l'image progressiste dont ils bénéficiaient depuis Lincoln[1] ».

Soixante ans plus tard, la formule se retrouvait totalement inversée : ce qui était mauvais pour Wall Street était désormais mauvais pour le parti démocrate. Un tournant capital. La distance

---

1. John Kenneth Galbraith, *ibid.*

relative que les présidents démocrates avaient maintenue avec le monde de la finance fut définitivement abolie en janvier 1992, lorsque Bill Clinton entra à la Maison Blanche. Grâce à lui, les dirigeants de Wall Street allaient retrouver le sourire et pouvoir afficher de nouveau de hautes ambitions.

Simon Johnson, ancien chef économiste au FMI, commentant cette nouvelle ère entamée avec Clinton et qui se poursuit aujourd'hui avec Obama, estime avec raison que « la grande richesse que le secteur financier a créée et concentrée confère aux banquiers un poids politique sans équivalent aux États-Unis, depuis l'époque du banquier JP Morgan. À cette époque, la panique bancaire de 1907 avait pu être enrayée uniquement grâce à la coordination menée entre banques privées, aucune entité gouvernementale ne fut en mesure d'offrir une réponse efficace. Mais ce premier âge des banquiers oligarques prit fin avec la mise en place d'importantes mesures de régulation, en réponse à la Grande Dépression ; la réémergence d'une oligarchie financière américaine est tout à fait récente[1] ».

La période actuelle semblait renouer avec les pratiques qui avaient suivi la création de la Federal Reserve en 1913 : un fonctionnement opaque, secret, sans ratification ni contrôle législatif. JP Morgan et Andrew Mellon, qui avaient inspiré la création de la Fed, et qui allaient se révéler les plus grands fraudeurs du fisc, avaient édicté les règles que le rapport annuel de la Fed, en 1923,

1. Simon Johnson, « The Quiet Coup », *The Atlantic*, mai 2009.

énumérait sans ambages : « Les banques de la Federal Reserve sont la source vers laquelle se tournent les banques membres chaque fois que les demandes de la communauté financière dépassent leurs propres ressources. La Federal Reserve supplée aux additions requises par le crédit en cas d'expansion des affaires et met un frein en cas de récession[1]. »

1. Paul Johnson, *Une histoire du monde moderne : de 1917 aux années 1980. Vol. 1, La fin de la vieille Europe : 1917-1945*, Laffont, 1985.

6

Quand on détaille une image, il faut toujours regarder attentivement l'homme ou le décor situés à l'arrière-plan. L'expression ou les gestes fournissent souvent les clés pour déchiffrer une situation.

La photo que j'ai sous les yeux date de novembre 1999. Elle montre Bill Clinton assis à son bureau et apposant sa signature au bas de l'acte de modernisation des services financiers (Financial Services Modernization Act). Un homme se tient debout derrière lui. Le visage sévère, il ressemble à un professeur vigilant surveillant le travail d'un de ses élèves. Un examen plus détaillé révèle que ses traits reflètent non seulement la sévérité, mais également un caractère hautain. Quand Clinton se redresse, après avoir signé, un sourire aussi fugitif qu'un rai de lumière détend les traits de l'homme.

Robert Rubin n'est pas un personnage vulgaire, prêt à exprimer au grand jour sa satisfaction. Pourtant, le ministre des Finances de Bill Clinton vient de remporter ce jour-là une immense victoire qui va permettre au monde financier, dont il est un des principaux acteurs, de réaliser des profits d'une ampleur sans précédent. Quant à Bill Clinton, il est trop intelligent pour ne pas être conscient qu'il s'agit d'un choix cynique et d'un véritable acte de capitulation : le pouvoir politique renonce à exercer ses prérogatives, et abdique tout pouvoir en supprimant d'un trait de plume les ultimes remparts juridiques qui permettaient d'endiguer la voracité de Wall Street.

La loi que Clinton vient de promulguer, le 12 novembre 1999, efface l'amendement Glass Steagall, une survivance du New Deal de Roosevelt. La nouvelle loi autorise désormais la concurrence entre banques de dépôts, banques d'investissement et compagnies d'assurances. Elle favorise les surenchères et les excès qui déboucheront neuf ans plus tard sur la crise actuelle. Cette loi autorise également les fusions entre établissements différents. Visiblement, Robert Rubin et ses amis sont des personnages impatients, sûrs de la docilité de Bill Clinton et de leur influence au sein du Congrès. En effet, dès 1998, un an avant le vote de la loi, la Citibank, première banque mondiale, annonce sa fusion avec une des principales compagnies d'assurances, Travelers Group, pour créer Citigroup. Cette opération, juridiquement illégale, est pourtant approuvée par la Fed, Banque centrale indépendante du pouvoir politique mais sous la dépendance totale du monde financier. Le président de Citi, Sandy Weill, est un ami intime de Rubin.

« *Le comité pour sauver le monde* »

Il est hautement symbolique que Citibank soit la première à appliquer les futures dispositions, comme si, plus de soixante ans après, tout rentrait enfin dans l'ordre. Dans les années trente, en effet, elle se nommait National City Bank, et, dans un monde pourtant sans éthique, elle symbolisait par ses pratiques aussi honteuses que le comportement de ses dirigeants les pires dérives du monde financier. L'indignation du Congrès et d'une grande partie de l'opinion à son encontre fut à l'origine de l'adoption, en 1933, de l'amendement Glass Steagall.

En 1999, cette victoire arrachée ou imposée au pouvoir politique augmente de plusieurs crans l'arrogance des banquiers. En faisant disparaître les contraintes juridiques, ils semblent considérer qu'ils ont à nouveau le droit de s'affranchir d'un certain nombre de principes moraux. Et, à cet égard, Citigroup renoue avec les mauvaises habitudes de son ancêtre. En 2005, la Fed, pourtant complaisante, suspend l'autorisation, accordée à l'établissement, de procéder à des acquisitions, en raison de « l'incapacité des dirigeants à respecter les règlements existants et les standards éthiques ».

À cette époque, le responsable, payé très cher, du comité exécutif de Citigroup n'est autre que Robert Rubin. Un poste qu'il a accepté en 1999 après avoir laissé la direction du ministère des Finances à son adjoint Lawrence Summers. Cet homme arrogant et emporté considère Rubin comme son mentor. Adepte, lui aussi, de la dérégulation à outrance, il s'est considérablement enrichi en dirigeant un « fonds spéculatif » avant de revenir à la Maison Blanche, où il est aujourd'hui le Rubin de Barack Obama et le porte-parole des milieux financiers.

En 1999, la couverture de *Time Magazine* montrait Robert Rubin, entouré de Lawrence Summers et d'Alan Greenspan, président de la Fed, et titrait : « Le comité pour sauver le monde [1] ». Cette offensive médiatique, bien inhabituelle chez Rubin, intervenait avant le vote du Congrès devant supprimer l'amendement Glass Steagall, et visait à mettre en condition les élus mais aussi Clinton. L'article reproduisait scrupuleusement les propos de Rubin qui critiquait sévèrement le poids des réglementations entravant l'économie américaine et notamment les marchés financiers qui, selon lui, avaient besoin d'être laissés libres…

Pendant vingt-six ans, Rubin avait gravi les échelons chez Goldman Sachs dont il était devenu le coprésident. Comme l'écrit Matt Taibbi, « il semblait né avec un costume de 4 000 dollars et le seul sentiment humain que vous pouviez envisager chez lui était qu'il éprouvât un cauchemar à l'idée d'être obligé de prendre un vol régulier et de voler sur un banal avion de ligne ».

La culture interne de Goldman Sachs se résumait en un principe que les responsables inculquaient à tous les nouveaux arrivants : « La rapacité sur le long terme. » La firme s'efforçait d'appréhender toutes les facettes des marchés pour mieux les manipuler. Un de ses anciens cadres, passé chez le rival Merrill Lynch, m'a rapporté : « Nous étions conformes à tous les standards vestimentaires et comportementaux que les clients attendent des banquiers d'affaires. Nous adoptions une attitude totalement schizophrène :

---

1. *Time Magazine*, 15 février 1999.

attentifs et courtois devant eux, impitoyables et sans scrupules en coulisses[1]. »

La finance au cœur du pouvoir américain

Avec l'élection de Bill Clinton, Wall Street retrouva tout naturellement la place prééminente qu'il occupait au début du xxᵉ siècle : au cœur du pouvoir américain.

Simon Johnson souligne que dans « un système politique primitif, le pouvoir se transmet à travers la violence ou la menace de violence : coups d'État militaires ; milices privées. Dans un système un peu plus évolué comme celui des pays émergents, estime-t-il, le pouvoir repose sur l'argent : commissions et comptes en banque dans les paradis fiscaux ». Aux États-Unis, il évoque le poids des contributions électorales et du lobbying[2].

Le monde financier redevenait ce qu'il n'aurait jamais dû cesser d'être aux yeux des banquiers : le pouvoir naturel. Un véritable centre de gravité autour duquel tournoyaient les politiques et des poussières d'autres obligés.

À la différence de l'industrie du tabac ou de celle de l'armement, le secteur financier n'avait nul besoin de promouvoir de coûteuses et aléatoires campagnes de lobbying. Il n'avait rien à prouver ni à vendre, il lui suffisait d'exister. Sa réalité, son poids et son efficacité supposée attiraient et séduisaient irrésistiblement tous les candidats politiques ambitieux. Ce fut le cas de Bill Clinton qui finit, au fil des ans, par ressembler à

1. Entretien avec l'auteur, mai 2009.
2. Simon Johnson, *op. cit.*

un président démocrate aujourd'hui oublié : Stephen Grover Cleveland. Cet homme accomplit lui aussi deux mandats : 1885-1889 et 1893-1897 ; politicien new-yorkais, il était connu pour ses liens chaleureux avec Wall Street.

Clinton, le politicien désargenté, était littéralement fasciné par les responsables des grands établissements financiers. Ils mettaient à sa disposition les résidences luxueuses qu'ils possédaient sur l'île chic et branchée de Martha's Vineyard, dans le Massachusetts – tout comme Barack Obama aujourd'hui – ou à East Hampton, la banlieue huppée de New York, en bord de mer. Le chroniqueur d'un journal local de Hampton qualifia d'ailleurs le président, à l'occasion d'un de ses séjours, d' « inspirateur du marché haussier ».

Les financiers incarnaient à ses yeux un véritable style de vie, mélange de luxe et de cosmopolitisme. Il aida les dirigeants de Wall Street comme aucun président avant lui à s'affranchir de toute entrave légale. Avec pour unique objectif d'accroître leurs profits et leur enrichissement personnel.

Il existe une géographie du pouvoir. Les grands centres financiers, New York, mais aussi Chicago, Boston ou encore San Francisco sont – les observateurs semblent le découvrir – des fiefs démocrates. Pratiquement depuis toujours. Dans cette zone géographique, les chassés-croisés entre politique et finance sont nombreux. Deux exemples : l'ancien président de Goldman Sachs et proche de Barack Obama, John Corzine, devient sénateur puis gouverneur du New Jersey, l'État situé en face de New York, où il s'efforce de favoriser, de façon éhontée, les intérêts de son ancienne firme. Plus au sud, le sénateur du Connecticut, Christopher Dodd, président de la puissante commission bancaire du Sénat, est un défenseur acharné des fonds spéculatifs et des fonds de placements, dont un certain nombre sont installés dans sa circonscription. Au cours de mon enquête, j'ai découvert que Dodd, théoriquement garant du contrôle législatif sur les activités financières, est le politicien américain qui a reçu les plus importantes donations en provenance du secteur financier. J'ai également découvert que sa femme travaille pour le géant de l'assurance AIG, renfloué en 2008 à hauteur de plus de 180 milliards de dollars par l'État. Mme Dodd dirige une filiale d'AIG installée aux Bermudes… considérées comme un très agréable paradis fiscal.

Désormais, Wall Street remplace General Motors pour refléter ce qui est bon pour l'Amérique. Un véritable système de croyance se met en place au fur et à mesure que Bill Clinton avance dans ses mandats : la conviction que le parti démocrate peut à la fois rassembler les milieux financiers et une majorité de l'opinion ; les riches et une large fraction de la classe moyenne. Wall Street table sur la force de conviction et les talents de communicateur de Clinton pour rassurer une majorité d'Américains et les convaincre de céder aux sirènes des nombreux investisseurs qui se préparent à frapper à leur porte. Déréguler, comme l'ont fait Robert Rubin et ses amis, vise à installer durablement la spéculation sous toutes ses formes au cœur du système américain.

Robert Rubin se plaît à confier, en privé, qu'il peut aller à la Maison Blanche et rencontrer Bill

Clinton quand il le veut et autant qu'il le souhaite. Cela reflète un autre rythme dans les rapports de force et la répartition des rôles. Pour tous les décideurs, à Washington, les puissantes institutions financières et les marchés de capitaux totalement libres de toute entrave deviennent l'atout essentiel de la suprématie américaine à travers le monde; et l'instrument incontournable de sa puissance. Un facteur d'influence et une arme de dissuasion massive. Rubin affiche un véritable messianisme et voit la finance diriger les États-Unis et le monde vers une nouvelle ère postindustrielle dominée par les services, notamment les services financiers.

Des poisons injectés à doses mortelles

Les scandales et les catastrophes ont souvent un point de départ inattendu. La crise des subprimes (crédits immobiliers douteux) survenue en 2007 puis l'effondrement financier de 2008 trouvent en partie leur origine dans un voyage effectué en 1983 par Robert Rubin à Cambridge, au siège du MIT.

Il venait engager un économiste, Fischer Black, qui, depuis dix ans, avec deux collègues, Myron Scholes et Robert Merton, élaborait une théorie révolutionnaire pour le monde de la finance. Ils expliquaient comment utiliser les prix des actions pour calculer la valeur des « dérivés », ces instruments financiers qui sécurisent la circulation de l'épargne en permettant de s'assurer contre les risques de mouvement de valeur d'un actif.

Comme l'écrit *The Economist*, « c'était littéralement la caverne de Platon[1] ». Un véritable « manifeste » reposant sur les mathématiques et la vitesse, et destiné, en principe, à sécuriser les échanges. L'avidité humaine allait les transformer en véritables poisons injectés à doses mortelles dans tous les circuits financiers.

Les « dérivés » permettaient de tourner toutes les règles du jeu financier. Même pour les banques de dépôts classiques. Elles prêtaient traditionnellement de l'argent, récupéraient les remboursements des prêts, et leurs profits reposaient sur la différence entre le coût du financement bancaire et ce que l'emprunteur repayait. Une étude réalisée en 1995, en interne, par JP Morgan, la banque d'investissement située au 23, Wall Street, révélait que les 4/5 du capital des banques étaient liés à des activités qui leur rapportaient moins de 10 points de base.

L'usage des dérivés offrait un moyen supposé infaillible de repousser à l'infini toutes les contraintes. Et d'accroître, avec la même démesure, les bénéfices. Le célèbre investisseur Warren Buffet déclara, en 2008, que les crédits dérivés étaient une « arme financière de destruction massive ». Dès 2003, il se montrait inquiet, affirmant que « la variété des contrats de dérivés est limitée uniquement par l'imagination de l'homme, et quelquefois, à ce qu'il semble, d'hommes sans scrupule ».

Les scrupules n'avaient jamais étouffé Wall Street, mais l'apparition de ces produits ressem-

1. *The Economist*, 24-30 janvier 2009.

blait pour les établissements financiers à une véritable ruée vers l'or que personne n'aurait voulu manquer.

« *Des profits obscènes* »

Mon interlocuteur travaille chez Morgan Stanley, dont le siège, curieusement, est installé à Times Square, le quartier des théâtres. Un immeuble de verre à l'angle de Broadway et de la 47e Rue. Un marchand de cigares est installé juste devant l'entrée. Tout à côté, l'actrice Susan Sarandon est à l'affiche d'un théâtre où elle joue *Le roi se meurt* d'Eugène Ionesco. Nous nous sommes donné rendez-vous dans les salons de l'hôtel Edison, où je suis descendu. Un établissement de catégorie moyenne qui accueille essentiellement des groupes de touristes, situé juste en face de la banque.

Il s'assied, amusé : « Je ne suis jamais venu mais ici au moins, je suis sûr de ne pas croiser quelqu'un qui me connaît. » Encore une fois, interdiction de divulguer son nom et sa fonction exacte. Il a quarante-deux ans et je l'avais rencontré lorsqu'il était basé en Europe. Il occupe un poste élevé dans la hiérarchie de la firme et se souvient très bien de l'apparition de ces crédits dérivés : « Nous pouvions sentir l'odeur de l'argent. L'homme qui a dirigé chez nous le département des dérivés est un Français, Patrick de Saint-Aignan. Un de nos concurrents, JP Morgan, ainsi que Salomon Brothers qui appartient à Citigroup ont été des précurseurs sur ces crédits, puis ensuite tout le monde s'est engouffré. Les bénéfices étaient énormes et les établissements financiers, face à ces profits, ressemblaient à des conducteurs grisés par la vitesse et qui ne cessent d'accélérer. Jusqu'à l'accident final qui heureusement n'a pas été mortel.

– En tout cas, pas pour vous. »

Il me fixe avec un sourire très provocant.

« Exactement, pas pour nous. L'industrie financière s'en est très bien sortie. Mais, ajoute-t-il, il ne pouvait pas en être autrement.

– Pourquoi ? »

Son visage hâlé se rapproche.

« Parce que la stabilité du secteur financier, des firmes comme des marchés d'actions, constitue pour le gouvernement américain une priorité de sécurité nationale. C'est une des raisons pour lesquelles nous sommes si arrogants. Nous savons qu'en cas de crise la Fed et Washington voleront à notre secours. En y mettant le prix. En réalité, ce ne sont pas des centaines de milliards de dollars qui ont été prêtés aux banques par le gouvernement, mais des milliers de milliards de dollars. »

Il détache avec soin les derniers mots pour mieux souligner la démesure des sommes. « Voilà les pistes que vous devriez creuser. Cet argent transfusé, entre nous, n'est pas mérité. Les établissements financiers ont réalisé des profits obscènes avec une absence totale de scrupules. Mais la Maison Blanche, Bush d'abord, Obama ensuite, n'ont eu qu'un seul impératif : nous sauver à tout prix, parce que les marchés américains et les banques du pays garantissent la prééminence des États-Unis sur le reste du monde. Vous savez, conclut-il, nous sommes devenus un secteur hautement stratégique. »

Je lui demande quelles informations supplémentaires il possède sur cet interventionnisme de l'État. Il rétorque : « D'abord, il faut bien comprendre que les marchés financiers ne respectent jamais les règles du marché… Ils les manipulent. Ensuite, depuis 1989, nous avons tous pu observer que la Federal Reserve mais aussi le ministère des Finances, par le biais d'agences qu'il contrôle ou de brokers, rachetait massivement des stocks d'actions ou de contrats à terme pour éviter un effondrement des marchés. Chaque fois que nous sautons, nous savons qu'un filet nous protège. C'est pour cela, ajoute-t-il en boutade, que nous sommes prêts à faire courir tellement de risques aux autres. »

Je lui demande, au terme de notre entretien, quelle est selon lui la plus grande faiblesse des crédits dérivés : « Leur complexité », répond-il sans hésiter. Et leur plus grand avantage ? « Également leur complexité, réplique-t-il immédiatement. Ils forment un monde opaque et incompréhensible qui sert parfaitement les intérêts des banquiers et décourage tous ceux qui cherchent à en découvrir les failles[1]. »

Un risque de « débâcle financière »

Ils présentent surtout un avantage incomparable pour tous les spéculateurs : à partir de mises de fonds dérisoires, ils offrent des perspectives de profits records.

Pourtant, les pertes occasionnées au début par l'usage des crédits dérivés se révélèrent si

1. Entretien avec l'auteur, mai 2009.

considérables qu'un rapport de cent trente-six pages publié en 1993 par la GAO (General Accounting Office) dressait un constat alarmant : il soulignait les « faiblesses et lacunes » dans le management qui créaient les conditions d'un risque systémique ; il évoquait l'ampleur et l'imminence du danger que les « dérivés » faisaient courir et qui pouvaient conduire à une « débâcle financière »[1]. En présentant son rapport, Charles Bowsher, responsable du GAO, insista sur l'urgence qu'il y avait pour le Congrès à se saisir du dossier.

Si son rapport avait été lu et suivi d'effet, la crise actuelle aurait été évitée. Mais ce ne pouvait pas être le cas. Les membres du Sénat passaient, selon la confidence de l'un d'entre eux, « les deux tiers du temps en relations publiques, en campagnes électorales ou en collecte de fonds... Croyez-vous que je puisse avoir assez d'éléments pour prendre des décisions intelligentes sur toutes ces choses différentes que je suis censé connaître ? C'est impossible. Je n'ai pas le temps ».

Le pouvoir législatif américain n'avait pas été conçu pour affronter la complexité d'un système financier moderne.

Pendant que le Congrès somnolait, les responsables financiers, eux, poussaient les feux à la Maison Blanche et à la Fed. Rubin, qui n'avait pas encore pris ses fonctions comme ministre des Finances, mais dirigeait le groupe des conseillers économiques entourant Bill Clinton, fit répondre

---

1. Gillian Tett, *Fool's Gold : How Unrestrained Greed Corrupted a Dream, Shattered Global Markets and Unleashed a Catastrophe*, Little Brown, 2009.

que les « dérivés constituaient des armes parfaitement légitimes pour gérer le risque ».

Des propos qui allaient, une nouvelle fois, être contredits par les faits avec la faillite en 1998, du fonds spéculatif LTCM. Pourtant, à sa création, quelques années plus tôt, il semblait incarner à lui seul la plus extrême sophistication du monde financier, et le long parcours enfin achevé qui l'avait conduit à l'infaillibilité. Son fondateur, John Meriwether, originaire de Chicago, avait fait ses preuves chez Salomon Brothers, et s'était entouré des deux prix Nobel d'économie, Scholes et Merton, qui avaient travaillé avec Fischer Black sur les dérivés avant d'élaborer une théorie sur les prix des options. Trois hommes qui bénéficiaient de l'admiration de Robert Rubin et Lawrence Summers, au pouvoir à Washington.

LTCM, qui intervenait sur les titres obligataires, fournissait un retour annuel sur investissement de 40 %. Une machine à rêves qui s'enraya en 1998. Entre mai et septembre, le fonds s'effondra, perdant 6,4 milliards de dollars, provoquant la panique sur les marchés financiers. Pour la première fois, le pouvoir des « dérivés » reposant sur des calculs mathématiques complexes se révélait faillible et dangereux. Le risque se doublait d'un risque de risque, et préfigurait le jugement porté par Paul Volcker au moment de la crise de 2008 : « Le nouveau système financier et ses produits dérivés ont échoué à passer le test du marché. »

La Fed épongea les pertes considérables de LTCM et Meriwether, amer, rendit ses concurrents responsables de sa chute en les accusant de l'avoir copié. Ce qui était en partie vrai. Goldman

Sachs, Morgan Stanley avaient pu liquider leurs positions quand les difficultés avaient surgi. Celles de LTCM étaient si importantes que leur vente avait pesé gravement sur les prix. Meriwether le résumait en une comparaison : « Rédiger des contrats d'assurance protégeant contre les risques d'ouragan n'augmente pas les probabilités que ceux-ci surviendront. Sur les marchés financiers, cette règle n'est pas valable. Plus il existe de personnes rédigeant des contrats d'assurances financières et plus la probabilité d'un désastre est grande, parce que ceux qui savent que vous avez vendu l'assurance peuvent s'employer à faire en sorte que le désastre se produise. »

Rubin et Summers « ivres de rage »

La faillite de LTCM survenait au pire moment dans l'agenda élaboré par Wall Street. Elle déclencha également à Washington un affrontement d'une violence inouïe, mais qui resta soigneusement dissimulé. Il opposa Robert Rubin, son adjoint Lawrence Summers et Alan Greenspan, le président de la Fed, à une femme de cinquante-huit ans au caractère inflexible.

Brooksley E. Born avait fait son droit à Stanford, avant de prendre la présidence de la Commodity Futures Trading Commission, un organisme créé en 1936 pour éviter tout risque de manipulation des marchés – notamment de matières premières – et de spéculation de la part des banques.

Born se révéla en 1998 un ultime obstacle, mais de taille, sur la voie de la dérégulation, balisée par Wall Street. « Elle réagit, confia-t-elle, à la faillite de LTCM, comme à une sonnerie de réveil[1]. » Elle découvrit, effarée, que ce fonds qui possédait un peu moins de 100 milliards de dollars d'actifs détenait des contrats dérivés pour un montant à l'époque incroyable : 1 000 milliards de dollars. Ils permettaient, à partir de mises de fonds modestes, d'obtenir des effets de levier considérables. Elle déclara publiquement que ces « dérivés », échappant à toute régulation, « créaient un grave danger pour notre économie », et recommandait un strict contrôle sur ces produits. Les dirigeants des grands établissements financiers réagirent avec colère et stupéfaction. Ce haut fonctionnaire, sans appui politique, osait les braver. Rubin et Summers, eux, étaient « ivres de rage », selon un témoin. Ils risquaient de trébucher au moment même où ils allaient faire disparaître l'amendement Glass Steagall. Trois jours après sa prise de position, Summers téléphona à Brooksley Born.

Il lui précisa d'emblée, d'un ton sec, que plusieurs responsables de grandes banques étaient présents dans son bureau et s'opposaient totalement à toute forme de régulation qui conduirait selon eux à une crise économique. Un argument particulièrement savoureux. « Il faut les comprendre, m'a confié, désabusé, un ancien collaborateur de Born. Avec ces dérivés, ils accédaient à une nouvelle Terre promise. Ces produits développés sur une large échelle représentaient une gigantesque vache à lait. En réalité, le rapport de force, dès le début, nous était totalement défavorable. Nous ne disposions ni des moyens ni du

---

1. Matthew Leising et Roger Runningen, « Brooksley Born " Vindicated " as Swap Rules Take Shape », *Bloomberg.com*, 13 novembre 2008.

personnel suffisant pour opérer un contrôle effi-cace, et pourtant Born, seule, a continué de leur tenir tête[1]. »

Cette femme élégante et courtoise ne se montra pas intimidée par l'intervention de Summers. Elle répliqua en demandant que la commission qu'elle présidait puisse étendre ses contrôles aux contrats dérivés vendus par les banques et les brokers. Un scénario de cauchemar pour les financiers, qui signifiait notamment que les « dérivés » soumis au cadre de la loi devraient reposer sur un échange réel et ne pourraient plus être transformés par Wall Street en une véritable bulle spéculative échappant à toute régulation.

Rubin répliqua sèchement : « Nous nous inter-rogeons sérieusement sur les compétences de cet organisme, dans ce domaine. » Brooksley Born se retrouva, au fil des semaines, totalement isolée, privée de tout soutien. Rubin, Summers et Alan Greenspan réclamaient son départ. « Ce fut, se rappelle un témoin de ces événements, une véri-table mise à mort, feutrée mais sans pitié. Elle entravait trop d'intérêts. La Maison Blanche vou-lait son départ. Quand elle comprit que la situa-tion était sans issue, elle choisit, avec beaucoup de classe, de se retirer, sans un mot. Elle est entrée dans un cabinet d'avocats et, par la suite, n'a jamais accepté de livrer le moindre commentaire public sur ces événements. Même lors de la crise de 2008, lorsque les faits lui ont donné raison. »

Peu après son départ, Rubin et Greenspan obtinrent du Congrès qu'il dépouille de façon per-

1. Entretien avec l'auteur, mai 2009.

manente la CFTC, la commission que Born présidait, de tout droit de contrôle sur les dérivés.

Le pouvoir législatif se montrait extrêmement complaisant envers le monde financier. En 2000, le Sénat et la Chambre des représentants votèrent la loi tant attendue qui permettait aux établissements financiers commercialisant les dérivés d'échapper à tout contrôle. Le vote eut un effet immédiat. À la suite de ce coup d'envoi, le marché mondial des CDS (Credit Default Swaps, une variété de crédits dérivés) allait passer de 631 milliards de dollars en 2001 à 62 000 milliards de dollars en 2008[1].

Je ne connaissais pas encore l'affaire Brooksley Born, lorsque j'ai croisé la route de Bill Clinton en juin 2007 à Yalta. À l'invitation du plus riche oligarque ukrainien, l'ancien président américain venait prononcer un discours sur les lieux mêmes où s'était tenue en 1944 la célèbre conférence réunissant Staline, Churchill et Roosevelt. Les milieux financiers reconnaissants avaient fait de l'ancien président un homme riche. En plus de conférences somptueusement payées comme celle à laquelle j'assistais – et qui lui avaient rapporté 40 millions de dollars –, il travaillait comme conseiller pour plusieurs fonds gérés par un de ses amis milliardaires, Ronald Burke. Un homme qui résume sa philosophie des affaires en une formule : « Vous n'avez pas besoin d'être intelligent, il vous suffit d'être suffisamment bien informé pour contacter quelqu'un d'intelligent. »

Clinton voyageait dans son jet et, transformé en VRP de luxe, voyait avec satisfaction les millions

1. Alan et Ian Katz, « Greenspan Slept as Off-Books Debt Escaped Scrutiny », *Bloomberg News*, 30 octobre 2008.

de dollars se déposer sur ses comptes. Sa passion pour les riches, quelle que soit l'origine des fortunes, ne semblait pas émoussée. À Yalta, en fin d'après-midi, un cocktail réunit tous les participants dans l'ancien palais du gouverneur, qui domine la mer Noire. Debout à l'entrée du bâtiment, j'observais l'ancien président, sourire amical, en grande conversation avec plusieurs oligarques russes et ukrainiens, dont l'enrichissement était pour le moins nimbé de mystère ; la musique diffusée en fond sonore, étrange clin d'œil, était celle du film *Le Parrain*.

Cet homme, qui semblait si content de lui, avait laissé à son départ un pays dont la population était dramatiquement endettée. Entre 1993 et 2001, la dette, sur le marché du crédit américain, avait augmenté de 72 %, passant de 16 000 milliards de dollars à 27 700 milliards de dollars. Sur ce montant vertigineux, plus de 10 000 milliards correspondaient à l'endettement privé, c'est-à-dire celui des particuliers et des ménages.

Quant au « prodige » John Meriwether, le créateur du fonds LTCM dont la faillite, en 1998, préfigura la crise qui allait survenir dix ans plus tard, il avait créé un nouveau fonds, dont l'existence s'acheva en juin 2009… par une nouvelle faillite.

7

En 2008, la Banque des règlements internationaux (BRI) installée à Bâle, en Suisse, publia des chiffres qui révélèrent à quel point, depuis plus de huit ans, le monde avait dansé sur un volcan. Ce dernier venait de se réveiller avec une violence inouïe et les coulées de lave en fusion qui progressaient le long de ses pentes menaçaient d'engloutir l'économie mondiale.

Le rapport publié par cet organisme aussi discret que sérieux, dont la règle interne est de refuser toute demande d'interview – je l'ai vérifié à mes dépens –, révélait qu'en décembre 2007, toutes les catégories de « crédits dérivés » émis à travers le monde atteignaient le montant délirant de 596 000 milliards de dollars. Par comparaison, le PIB (Produit intérieur brut) cumulé de tous les pays de la planète s'élevait à 54 000 milliards de dollars. Soit dix fois moins.

Scrupuleusement, la BRI détaillait ce montant. 393 000 milliards de dollars entraient dans la catégorie des contrats dérivés liés à l'évolution des taux d'intérêt, 56 000 milliards reposaient sur les variations des parités monétaires, et surtout

58 000 milliards contre 43 000 milliards, un an plus tôt, étaient des CDS, c'est-à-dire le produit « dérivé » le plus répandu[1]. Leur montant allait atteindre peu après 62 000 milliards de dollars.

À la vérité, ces CDS étaient de faux contrats d'assurance, qui n'offraient aucune des garanties de remboursement d'un contrat classique, mais de vrais instruments permettant de spéculer sur les évolutions des marchés. De toute façon, leur montant vertigineux excédait de loin la totalité de la richesse mondiale et ses capacités de renflouement.

L'opacité du marché

« Faites ce que je dis mais pas ce que je fais. » Le monde financier se lança dans l'aventure en suivant cet adage : les sociétés financières comme Goldman et Morgan Stanley, les grosses sociétés de courtage, mais également de respectables banques de dépôts brusquement saisies par la débauche. Ces dernières s'autorisaient tout ce qu'elles refusaient, en pères la pudeur hypocrites, à leurs clients : violer les règlements, prendre des risques financiers inconsidérés avec de l'argent qu'elles ne possédaient pas et truquer leurs bilans.

La Banque des règlements internationaux veille à la stabilité des marchés et propose au monde bancaire des règles de fonctionnement. En 1988, douze nations, dont les États-Unis, avaient signé à son siège de Bâle un accord qui imposait un cer-

---

1. « Coming Soon : The 600 Trillion Dollars Derivatives Emergency Meeting », Seekingalpha.com, 13 octobre 2008.

tain nombre de règles de prudence et de bonne conduite aux établissements financiers. Ils s'engageaient, pour faire face à tout risque, à détenir des fonds propres équivalant à 8 % de leurs engagements. Pour chaque prêt de 10 milliards de dollars, les établissements devaient posséder 800 millions de dollars.

En douze ans, le contexte et les mentalités changèrent radicalement. En 2000, les accords de Bâle apparaissaient à tous les responsables financiers dépassés et contraignants. Ils brûlaient de s'affranchir de toutes les règles, juridiques et éthiques.

Un établissement comme JP Morgan jugeait que devoir conserver 8 % des réserves pour des prêts peu rentables consentis à des entreprises offrant toutes les garanties était une absurdité. Les prêts les plus profitables étaient ceux qui se présentaient comme les plus risqués, en raison des montants que devait payer le client. Chez Morgan, le précurseur en matière de « fabrication » de crédits dérivés, ce secteur innovant s'était développé si rapidement qu'en 1994 le niveau net d'exposition au risque, à travers ces produits, se montait à 30 milliards de dollars.

En 2000, quinze grands acteurs dominaient déjà ce secteur aux États-Unis : les cinq plus grandes banques commerciales, Citigroup, JP Morgan Chase, Bank of America, Wells Fargo et Wachovia. Les cinq principales sociétés d'investissements : Goldman Sachs, Morgan Stanley, Merrill Lynch, Lehman Brothers, Bear Stearns et le géant de l'assurance AIG, et enfin les quatre plus gros établissements dans le domaine des crédits immobiliers. Cette emprise allait s'accroître et aboutir, huit ans plus tard, au réquisitoire sans appel dressé par Henry Kaufman, une des figures les plus respectées du monde financier. Je l'avais rencontré à plusieurs reprises quand il travaillait chez Salomon Brothers. Ses jugements lucides et acérés lui ont valu le surnom de « gourou de Wall Street ».

« Les récents événements, déclare-t-il en décembre 2008, ont accru la domination des quinze principales institutions qui, désormais, détiennent plus de la moitié de la dette non financière du pays. Ce sont des firmes qui ont joué un rôle central en créant de la dette à une échelle sans précédent, à travers un processus massif de " sécurisation ", *via* de nouveaux instruments de crédit complexes, et en faisant pression sur les structures légales, ce qui permit de maintenir l'opacité sur de nombreux aspects du marché financier. » Selon lui, « ces géants limiteront dans l'avenir tout espoir pour les États-Unis d'évoluer vers une plus grande démocratie économique en raison des multiples rôles et conflits d'intérêt dans lesquels ils sont impliqués [1] ».

« *Comme si les restaurants payaient le Guide Michelin* »

Ce constat profondément désabusé découlait d'une réalité choquante. En 2000, les banques n'avaient qu'un objectif : contourner les lois pour augmenter leurs profits. Elles étaient prêtes à violer les accords de Bâle en utilisant les 8 %

---

1. « Up and Down Wall Street », *Barron's*, 8 décembre 2008.

qu'elles devaient conserver en réserve pour les consacrer à l'activité hautement rentable des dérivés. Elles étaient prêtes également à cacher une partie de leur bilan. En un mot, le monde financier s'éloignait des lois pour se rapprocher du profit. Il lui fallait un complice. Elle le trouva tout naturellement chez les agences de notation. Le système de notation du crédit par ces agences est à l'origine de la crise.

Le journaliste Michael Lewis et le financier David Einhorn firent remarquer très justement : « Plus la note d'une institution financière a été haute, plus elle a semblé contribuer à la débâcle financière… Ces grandes entreprises financières produisaient à la pelle des outils de crédit variés qui alimentaient en retour le chiffre d'affaires de Moody's et Standard and Poor[1]. »

Ces deux firmes contrôlent 80 % du marché mondial des notations. Leurs appréciations déterminent la qualité d'un produit, la solvabilité d'un État, d'une entreprise ou d'une opération. Ce sont des acteurs redoutés et incontournables.

Le journaliste Thomas Friedman affirmait que, depuis la chute de l'Union soviétique, deux superpouvoirs dominaient le monde : « Les États-Unis, qui peuvent détruire un pays en l'ensevelissant sous les bombes, et Moody's qui peut détruire un pays en abaissant sa notation. »

Ce fut la désagréable mésaventure survenue en 1995 au Canada, lorsque Moody's annonça qu'elle « envisageait » d'abaisser la note attribuée à la dette canadienne. Le dollar canadien chuta immé-

---

1. *The New York Times*, 3 janvier 2009.

diatement face à son concurrent américain, ce qui obligea la Banque centrale à en racheter des centaines de millions. Les investisseurs vendirent leurs bons du Trésor, et augmentèrent leur taux d'intérêt, ce qui représenta un coût financier de plus de 300 millions de dollars pour le gouvernement d'Ottawa, en partie à l'origine du licenciement de 45 000 employés gouvernementaux.

Moody's finit par abaisser la notation de la dette intérieure canadienne de AAA (le niveau de qualité le plus élevé), à AAL, le niveau inférieur. Il fallut sept ans au Canada pour retrouver la notation supérieure.

Moody's comme Standard and Poor et, à un degré moindre, Fitch sont craintes par les États. Elles représentent un mal nécessaire et tous, à l'exemple du Canada, paient pour être notés par elles. Chez Moody's, le service des opérations internationales, qui fixe notamment les notations des États, représente désormais plus du tiers des revenus de la société.

Mais au fil des ans, ces firmes vivaient dans un conflit d'intérêts permanent, comme le reconnurent plusieurs de leurs dirigeants, auditionnés à huis clos, en octobre 2008, par une commission du Congrès. L'un d'eux confia : « C'est comme si nous avions vendu nos âmes au diable pour des revenus[1]. »

Denis Kessler, le patron du réassureur Scor, très critique envers ces agences, déclara : « J'appelle ça une rente avec un modèle économique formidable, où c'est l'entreprise notée qui paie le ser-

1. Credit Rating Exec : « We Sold our Souls to the Devil », *Mother Jones*, 22 octobre 2008.

vice – c'est comme si les restaurants payaient le Guide Michelin pour fixer sa note[1] ! »

« *L'histoire d'un colossal échec* »

Noter la qualité des produits conçus par les compagnies était devenu la principale source de profit pour les agences de notation. Ainsi, quand JP Morgan approcha Moody's avec un projet qui concernait les crédits dérivés, ces deux mondes qui coopéraient déjà étroitement comprirent tout l'intérêt qu'ils avaient à développer une véritable synergie.

Les financiers concevaient les produits et les agences fournissaient le label de qualité en leur attribuant la note maximum, ce qui les rendait irrésistibles et rassurants aux yeux des investisseurs.

L'économiste Dean Baker, codirecteur du Centre pour la recherche économique et politique (Center for Economic and Policy Research), souligne qu'il est étonnant que les conflits d'intérêts existant entre ces agences et les clients qui les paient pour être notés n'aient pas été soulevés auparavant. « Ces agences voulaient à tout prix être engagées et elles étaient conscientes du fait que si elles n'attribuaient pas de notations correctes, acceptables, elles ne seraient pas rappelées[2]. »

Le système mis en place par Moody's et appliqué par ses deux principaux concurrents,

1. Cécile Prudhomme, « Quand Denis Kessler " se paye " les agences de notation », *Le Monde*, 5 avril 2009.
2. *Mother Jones*, art. cité.

99

Standard and Poor et Fitch, encourageait toutes les dérives. Il notait les produits conçus par leurs clients et destinés aux investisseurs qui étaient intéressés par ces produits. Pour Sean Egan, le directeur d'Egan-Jones Rating, une petite agence de notation, il s'agissait de la plus grande cause de la crise financière. Et il ajoutait : « Nous devrions en revenir au modèle qui a fonctionné depuis des temps bibliques et travailler pour ceux qui investissent dans les titres et non plus pour ceux qui les diffusent. » Au cours d'une présentation confidentielle en octobre 2007 devant son conseil de direction, le président de Moody's, Raymond McDaniel, affichait son cynisme quant au processus de notation des produits dérivés : « Ils pourraient être structurés par des vaches, nous les noterions quand même [1]. »

Au terme de plusieurs auditions, le représentant démocrate de Californie, Henri Waxman, président du comité de la Chambre des représentants sur la réforme gouvernementale, conclut : « L'histoire des agences de notation de crédit est l'histoire d'un colossal échec [2]. »

L'accord passé entre les établissements financiers et les agences de notation était devenu d'autant plus vital que la Fed leur offrait en cadeau l'opportunité de tourner les règles adoptées en 1988 à Bâle. En effet, la Banque centrale américaine autorisa les banques à réduire le montant de leurs réserves, fixé comme on l'a vu à 8 %, si elles pouvaient prouver que le risque de défaut de paiement était « vraiment négligeable » et si leurs produits étaient notés AAA.

1. *Ibid.*
2. *Ibid.*

Grâce à cette nouvelle disposition, les établissements n'étaient plus obligés de détenir 800 millions de dollars pour chaque 10 milliards prêtés ; le montant était ramené à seulement 160 millions. Une disposition qui allait accroître l'ampleur de la spéculation.

En 1997, les montages de « dérivés » imaginés par les équipes de JP Morgan reçurent l'estampille AAA. L'affaire était dans le sac et le ver dans le fruit. Ces crédits dérivés offraient des effets de levier qui pouvaient atteindre jusqu'à trente-cinq fois le montant de la somme investie, mais ils propageaient l'endettement à travers les États-Unis et le monde à la même vitesse que des feux de forêt attisés par les pyromanes.

Alan Greenspan n'avait pas allumé le feu, mais il avait encouragé ces pyromanes à le faire en intervenant fermement aux côtés de Rubin et Summers pour qu'aucun contrôle ne soit exercé sur ces dérivés. En 1999, le président de la Fed prit la parole à une conférence qui se déroulait en Floride, à Boca Raton. Dans l'hôtel même où, peu auparavant, les banquiers de JP Morgan avaient trouvé la recette de la pierre philosophale, en l'occurrence le moyen de transformer ces dérivés en un commerce hautement lucratif. Greenspan, à la tribune, déclara que « la conception et le développement de ces produits dérivés constituaient de loin l'événement le plus marquant survenu durant la dernière décennie dans le monde de la finance[1] ». Les mots étaient exacts, mais le sens qu'il leur donnait était à l'opposé de la réalité.

1. Gillian Tett, *op. cit.*

« *Tant que dure la musique, nous dansons* »

Pourtant, le danger et la toxicité de ces produits sautaient aux yeux pour qui se livrait à un examen attentif. Le cas des CDS, qui allaient devenir les produits dérivés les plus utilisés, en était un exemple frappant. Leur montant en 2006, sur le seul marché américain, était égal au total des dépôts bancaires à l'échelle de la planète.

JP Morgan, qui les avait initiés, en détenait 7 000 milliards de dollars, Citigroup, 3 200 milliards et Bank of America, 1 600 milliards. Non régulés, grâce à Rubin, Summers et Greenspan, ils permettaient de spéculer sur les évolutions des marchés sans que les opérateurs aient besoin de constituer des réserves ou de disposer de fonds propres. Ces CDS ne dépendant d'aucun marché étaient qualifiés de contrats d'assurance, mais comme ils échappaient à toute réglementation, notamment celles qui s'appliquaient aux assurances, les vendeurs n'avaient aucune obligation de détenir des actifs qui auraient permis d'exécuter des obligations de remboursement. Cette absence de contraintes jouait aussi pour les acheteurs, lesquels n'avaient pas à prouver qu'ils détenaient les fonds correspondant à leur acquisition.

Il n'existait aucune limite fixée au montant total de ces contrats, ce qui expliquait leurs niveaux vertigineux. Le monde financier accédait au Saint Graal : réaliser des profits gigantesques avec des mises de fonds dérisoires.

Chuck Prince, le président de Citigroup, la première banque mondiale, pouvait déclarer avec satisfaction : « Tant que dure la musique, nous dansons. »

En tout cas, l'orchestre jouait suffisamment fort pour couvrir la vague d'indignation qui accompagna la découverte du scandale Enron. Le groupe énergétique texan se déclara en faillite le 2 décembre 2001. Entre 1990 et 1998, le prix de ses actions avait augmenté de 311 %, puis de 56 % en 1999 et 87 % en 2000. Il employait 22 000 personnes, affichait des revenus de 101 milliards de dollars en 2000, et le magazine *Fortune* l'avait, plusieurs années de suite, qualifié d'« entreprise la plus innovante des États-Unis ». Ce qui est tout à fait exact : le fonctionnement d'Enron révélait une ingéniosité dans l'escroquerie sans équivalent par le passé.

Enron était censé connecter par informatique acheteurs et vendeurs d'électricité, de gaz naturel, d'acier, de crédit pollution et de dérivés. Son fonctionnement reposait prétendument sur de savants modèles mathématiques que le fondateur d'Enron, Ken Lay, et son directeur financier, Jeffrey Skilling, détenaient aussi précieusement que s'il s'agissait de la formule permettant la fabrication du Coca-Cola.

La firme jouait sur la dérégulation des prix de l'énergie, possédait des pipelines de gaz et des centrales électriques. Autrefois, il suffisait d'ouvrir un bureau pour monter une escroquerie. Désormais, une batterie d'ordinateurs remplaçait le local.

Ken Lay jouissait de puissantes protections avant sa chute. Il était proche de la famille Bush et avait contribué, à hauteur de 2 millions de dollars, à la campagne de George W., qui envisagea un moment de lui proposer le poste de ministre des Finances. Ce républicain bon teint entretenait également des relations chaleureuses avec Robert Rubin, devenu président du comité exécutif de Citigroup, un des principaux créanciers d'Enron, et Lawrence Summers, son successeur à la tête du ministère des Finances.

Des structures parallèles

En 2000, la Californie connut de nombreuses coupures d'électricité sur tout son territoire et des coûts énergétiques qui atteignaient des niveaux vingt fois supérieurs à la normale. Le gouverneur de l'État Gray Davis, convaincu qu'Enron manipulait le marché de l'énergie, demanda l'appui du gouvernement fédéral. L'intervention de Summers se caractérisa par un soutien sans nuance à Enron et un plaidoyer en faveur d'une augmentation des tarifs à la consommation ainsi que l'abandon des contrôles environnementaux.

La complaisance de Summers ne s'arrêta pas là. Robert Rubin lui demanda d'intervenir auprès des agences de notation pour qu'elles continuent d'attribuer la note maximum à Enron qui souhaitait obtenir un nouveau prêt de Citigroup à un taux favorable. Le slogan de cette société, qui reflétait tous les mirages de la « nouvelle économie » était « Demandez pourquoi ». En effet, pourquoi cet aveuglement et ce soutien prolongé à une entreprise qui se révéla n'être qu'un leurre conçu pour détourner de l'argent : ses profits tenaient du mirage et ses résultats étaient habilement trafiqués. Seule chose réellement tangible : le véritable comportement de voyous de ses dirigeants. À l'abri derrière la note magique AAA, si complaisamment accordée, ils avaient siphonné les fonds de pension de leurs employés – vendu au plus haut leurs actions –, tout en leur interdisant de faire de même. Les vingt-quatre années de prison infligées à Jeffrey Skilling, le directeur financier, apparaissaient comme une juste peine, même s'il était choquant de voir le fondateur Ken Lay passer entre les mailles du filet, et achever sa vie paisiblement.

La faillite d'Enron coûta 1 800 milliards de dollars à JP Morgan, sa principale banque créancière avec Citigroup. Deux mois avant l'annonce, le coprésident de Morgan, Harrisson, confiait sa « fierté » de compter Enron parmi ses clients. À travers sa filiale, la Chase Manhattan Bank, qu'elle avait rachetée, Morgan entretenait une relation étroite avec Enron. Elle lui consentait des prêts importants, concevait des produits financiers correspondant aux besoins et aux stratégies de la firme.

Elle pratiquait surtout un système de trésorerie à double fond qui faisait qu'elle ne pouvait ignorer l'état financier réel de cette entreprise à but criminel. La Chase, en effet, depuis 1995, avait mis en place un « véhicule d'investissement », c'est-à-dire une structure fantôme dont les activités n'apparaissaient pas sur les comptes de la banque. Elle portait le nom de code « Mahonia » et présentait un double avantage : les fonds étaient transférés à Enron sans laisser de trace et cette structure permettait également de cacher les

8,5 milliards de dollars de dettes que la firme texane avait à l'égard de la banque.

Soustraire une partie de leurs activités aux regards est probablement le rêve de la plupart des banquiers. Citigroup avait agi comme Morgan. En 2003, des créanciers d'Enron poursuivirent Citi pour avoir créé des structures parallèles, juridiquement et fiscalement dépourvues de toute existence, qui permettaient aux dirigeants d'Enron de cacher un certain nombre d'actifs qui échappaient ainsi au bilan.

Citigroup, la première capitalisation bancaire mondiale, faisait figure de précurseur dans la création d'un système financier clandestin. Dès 1988, elle avait créé Alpha Finance Corp, son premier « véhicule d'investissement ». Citigroup fonctionnait au fond comme une compagnie pétrolière qui allait tourner à plein régime avec l'explosion des dérivés : les prêts fournissaient la matière première qui était ensuite raffinée en crédits dérivés, estampillés AAA par les agences de notation, puis revendus aux véhicules d'investissement comme Alpha avec un profit. Ces structures garantissaient une absolue discrétion, mais possédaient également un autre avantage, inestimable aux yeux des financiers : elles pouvaient fonctionner sans avoir besoin de détenir le moindre capital.

8

En août 2007, le gouverneur de la Banque centrale d'Angleterre, Merving King, reçut un appel inquiet du directeur général de la Barclays Bank. Le dirigeant de la troisième banque britannique demandait à le voir d'urgence. En pleine torpeur estivale, le monde commençait à se fissurer sous les pieds des financiers. John Varley présidait aux destinées de la Barclays depuis quelques années, mais ce jour-là, en pénétrant dans le bureau du gouverneur, il ressemblait à un créancier aux abois. Son établissement avait besoin d'une aide d'urgence. Il est probable que les explications qu'il fournit plongèrent le gouverneur de la Banque d'Angleterre dans la stupeur et l'inquiétude. Les problèmes qu'il redoutait étaient en train de survenir. Depuis près d'un an, il annonçait un retournement du cycle de crédit. En juin 2007, il avait même déclaré aux banquiers britanniques que c'était pure folie de croire que les dérivés notés AAA, sur lesquels ils spéculaient, étaient sans risques. Tous avaient ignoré son avis, à l'image du responsable de la Barclays assis face à lui.

Le pouls de la City de Londres battait au rythme de Wall Street : même avidité dans la quête de profits, doublée d'un aveuglement absolu quant aux conséquences des choix adoptés. L'épisode d'août 2007 préfigurait l'extraordinaire cynisme des milieux financiers quand la crise éclata au grand jour : ils refusaient tout contrôle sur leurs activités, mais exigeaient l'aide de l'État dès l'instant où leurs stratégies se révélaient catastrophiques. L'ancien président de la Fed, Alan Greenspan, qui avait largement contribué à cette situation, manifesta des regrets tardifs : « J'ai commis une erreur en comptant sur l'intérêt privé des organisations, particulièrement des banques. »

L'aide de la Banque centrale d'Angleterre prit la forme d'un versement d'un montant total de 1,6 milliard de livres, et le communiqué publié le lendemain par Barclays pour justifier une telle aide fit sourire tous les spécialistes : « Une panne technique, affirmait le texte, a touché hier le système de compensation britannique. La Banque d'Angleterre est là pour faciliter les opérations du marché dans ce genre de situation. Rien ne serait arrivé s'il n'y avait pas eu cette panne[1]. »

C'était un mensonge destiné avant tout à rassurer l'opinion et à éviter toute panique chez les déposants. Les banques pouvaient aisément cacher la vérité au reste du monde, mais très difficilement se mentir entre elles. En effet, elles s'empruntaient quotidiennement de l'argent sur le marché interbancaire et les taux auxquels ces prêts étaient consentis reflétaient l'état de santé que l'on attribuait à ses concurrents.

1. « Barclays Reeds the Central Bank Loan », BBC News, 31 août 2007.

Les fabriques de liquidités

En août 2007, cet effet de miroir reflétait la nervosité croissante des milieux financiers et l'inquiétude qu'ils éprouvaient face aux difficultés de la Barclays. Désormais, emprunter des livres sterling à trois mois lui coûtait 6,8 %, c'est-à-dire beaucoup plus que pour toutes les autres banques de la City. Une pénalité qui s'expliquait par le fait qu'elle connaissait des problèmes de liquidités. Les 1,6 milliard prêtés par la Banque d'Angleterre lui servirent à recapitaliser un fonds d'investissement spécialisé dans le domaine du crédit. Incapable de lever des fonds, il était sur le point de vendre à perte ses actifs[1].

Un coin du voile se levait enfin sur une extraordinaire manipulation, et ce fut une des grandes surprises de mon enquête. Depuis près de huit ans, les grandes banques, américaines mais également européennes, avaient conçu et développé un système bancaire parallèle et totalement clandestin qui échappait aux regards et aux contrôles. Ces entités, baptisées pour la plupart « véhicules d'investissement » (SIV – Structured Investment Vehicles), pouvaient agir comme les banques sans en avoir les contraintes. Elles opéraient sans détenir de capital, en empruntant sur les marchés à court terme, pour beaucoup quasiment au jour le jour. Les prêts ainsi consentis généraient, grâce aux

1. Christine Seib, Miles Costello, « Barclays Forced to Arrange 1,6 billion BOE Emergency Loan », *The Times*, 31 août 2007.

effets de levier, d'énormes profits, tant qu'existait une dynamique de hausse. Un retournement de tendance pouvait naturellement provoquer des pertes de même ampleur. Mais personne ne semblait l'avoir envisagé.

Ces structures achetaient des obligations à long terme et d'autres titres à revenus fixes qu'elles finançaient par un endettement à court terme. Elles manifestaient un appétit pour toutes les variétés de prêts « remastérisés » en dérivés. Ceux qui connaissaient leur existence les surnommaient les « fabriques de liquidités ». En réalité, ce système se développait tel un cancer et ces entités formaient peu à peu une gigantesque métastase qui menaça vite la survie même du système financier.

Ces établissements n'avaient aucune existence officielle et leurs opérations n'apparaissaient pas dans les bilans des banques qui, cependant, étaient en mesure de rapatrier leurs bénéfices sous d'autres appellations. Le montant des opérations réalisées à travers le monde à la fin de 2006 par ce système parallèle était presque supérieur à celui du système bancaire officiel. Mohamed El-Erian, président de la Harvard Management Company, observait, en 2007, que « de plus en plus d'investisseurs choisissaient l'endettement – à travers ces entités – en tentant ainsi d'augmenter l'impact de leurs investissements[1] ».

Bill Gross, le président de PIMCO, le numéro un mondial sur le marché des obligations, évoquait ces dérivés et ces structures abrégées en trois ou quatre lettres : « CDO, CLO, ABCP, CPDO, SIV

---

1. Mohamed El-Erian, « In the New Liquidity Factories, Buyers Must Still Beware », *The Financial Times*, 22 mars 2007.

– le monde financier attendait la nouvelle création des banques d'investissement – où vous pouviez déposer un dollar et le multiplier par 10 ou 20[1]. »

En 2007, les ventes de crédits dérivés représentaient plus de 40 % des profits de firmes comme Goldman Sachs ou Morgan Stanley. Mais quand la fête cessa, on découvrit que 40 % des pertes essuyées par les banques américaines se situaient à l'étranger.

La capitulation de l'Europe

En 2004, les grandes banques d'investissement de Wall Street, emmenées par Goldman Sachs et son président, Henry Paulson, réussirent une nouvelle fois à faire fléchir le pouvoir politique. Leur victoire était le fruit d'un efficace travail de lobbying auprès de la Maison Blanche. Paulson avait l'oreille de George W. Bush qui allait le nommer peu après ministre des Finances. Lui et ses collègues obtinrent que la SEC (Commission des opérations de Bourse) les exonère de la règle du « capital net » (*net capital*) qui les obligeait à détenir des réserves limitant leur effet de levier… mais aussi leur exposition au risque. Ils eurent également gain de cause sur un autre point : la Maison Blanche s'engagea à faire pression sur la Commission européenne et les États membres de l'Union pour que ceux-ci s'engagent à ne pas appliquer les règles de contrôle européennes aux opérations effectuées à l'étranger par les firmes d'investissement américaines. Cette exigence

1. Bill Gross, « What Do They Know ? » *Investment Outlook, pimco.com*, octobre 2007.

prévoyait également qu'aucun État membre de l'Union européenne n'aurait le droit de contrôler le montant et la nature des réserves détenues dans des filiales d'établissements financiers américains.

Ces exigences exorbitantes bafouaient la souveraineté nationale et visaient à conférer *de facto* un véritable droit d'exterritorialité à ces filiales qui n'avaient ainsi aucun compte à rendre. Selon mes informations, l'Europe se livra à une véritable capitulation en acceptant sans discuter l'ensemble des conditions formulées par les États-Unis. L'accord fut conclu dans la plus grande discrétion, aucune information ne filtra et, pour sauver la face, une clause prévoyait que la SEC, le gendarme de la Bourse américaine, réputée pour sa passivité, pourrait contrôler ces filiales installées à travers l'Europe. Ce que, bien entendu, elle ne fit jamais. Le monde financier américain imposait sa loi et son rythme à l'Europe et au reste du monde.

Une gigantesque évasion fiscale

Cet épisode profondément choquant révélait la profondeur du décalage existant entre les discours des politiques et les réalités auxquelles ils se pliaient. En l'occurrence, Wall Street avait imposé sa volonté à la Maison Blanche, ce qui n'était guère surprenant, mais la facilité avec laquelle celle-ci avait pu, à son tour, imposer ces exigences à des États souverains ne laissait pas de surprendre. L'Europe avait plié, sans même discuter. Un comportement qui allait se révéler lourd de conséquences.

Paulson, surnommé « Mr. Risk », était, selon *BusinessWeek*, « le grand architecte du profit à tout prix pour les firmes de Wall Street, au moyen d'un endettement sans cesse accru[1] ». Cet endettement passait par l'usage des véhicules d'investissement, installés aux îles Caïmans, mais également dans des États européens comme l'Irlande ou le Luxembourg. Toutes les variétés de prêts – cartes de crédit, achats de voitures ou prêts immobiliers –, transformés en crédits dérivés, transitaient à travers ces canaux clandestins. Et Paulson et ses amis, mais aussi les banquiers européens, avaient les meilleures raisons du monde de souhaiter que les organes de régulation détournent docilement le regard de ces filiales.

Leur fonctionnement même leur conférait une exposition maximum au risque, de crédit mais aussi de liquidité. Leur passif reposait sur le court terme, mais les actifs qu'ils détenaient étaient à plus long terme et non liquides. S'ils se révélaient incapables de refinancer leur passif à court terme, ils pouvaient rapidement tomber en banqueroute.

L'autre raison était plus prosaïque : ces structures permettaient aux banques de se livrer à une gigantesque évasion fiscale. Les pratiques de Goldman, Morgan Stanley, Merrill Lynch, étaient répliquées en Grande-Bretagne et, nous le verrons plus loin, en France. Selon des révélations solidement étayées du *Sunday Times*[2], la Barclays employait cent dix personnes au sein d'une entité baptisée Structured Capital Markets, dont le seul objectif était de réduire les niveaux d'imposition sur les transactions, mais aussi de permettre à la

---

1. « Mr. Risk Goes to Washington », *BusinessWeek*, 12 juin 2006.
2. « Barclays Tax Dodge Nets 1 bn a Year », *The Sunday Times*, 15 mars 2001.

Barclays et à d'autres banques et sociétés à travers le monde de payer moins d'impôts. Les documents consultés par l'hebdomadaire britannique révélaient notamment que la banque avait économisé 99 millions de livres sterling grâce à une série de transactions rapides qui, en trois jours, avaient utilisé les services d'une banque suisse, ainsi que de compagnies installées aux îles Caïmans et au Luxembourg. Sur l'année, le montant fiscal économisé se montait à un milliard de dollars. Une pratique discutable mais légale, dont usaient également tous ses concurrents.

Ces révélations furent publiées en 2008, au moment où la Barclays négociait l'octroi d'une aide gouvernementale pour faire face aux pertes occasionnées par ses actifs toxiques. Un député britannique résumait l'indignation générale face à de telles pratiques : « Barclays ne peut pas faire les poches des contribuables d'une main, et soustraire l'argent de l'autre. »

600 000 milliards de dollars

Le secteur des crédits dérivés était devenu, dans le monde des affaires américains, le plus important secteur à l'exportation du XXIe siècle. En 1993, à ses débuts, il se chiffrait à 14 000 milliards de dollars. En 2001, il atteignait 100 000 milliards pour frôler en 2007 le chiffre vertigineux de 600 000 milliards de dollars. Selon la Banque des règlements internationaux, un montant rendu possible par la découverte de la « sécurisation ». Le mot est à l'image de ces événements : trompeur. Employer le terme de « sécurité » pour qualifier des montages aussi douteux dissimule un immense cynisme. La « sécurisation » regroupe des prêts à la consommation et des prêts immobiliers dans des lots de titres ensuite revendus en dérivés. Sous ce vocable de sécurisation, le montant des produits vendus entre 2001 et 2007 se chiffre à 27 000 milliards de dollars. Près de deux fois le PNB des États-Unis qui est de 13 800 milliards de dollars.

Le prix Nobel d'économie Joseph Stiglitz, ancien chef économiste à la Banque mondiale, déposa le 21 octobre 2008, en pleine tourmente financière, devant une commission du Congrès. Il porta un jugement extrêmement sévère sur les ressorts de ce système : « La sécurisation, dit-il, repose sur les prémisses selon lesquelles un imbécile naît chaque minute. La mondialisation signifie qu'il existe un paysage mondial où ils peuvent partir à la recherche de ces imbéciles et ils les ont trouvés partout[1]. »

Les établissements américains n'étaient pas les seuls responsables de ces débordements. « L'essayer c'est l'adopter » semblait devenu la devise des banques européennes où le chiffre d'affaires découlant de la sécurisation était passé, selon l'European Securisation Forum, de 78 milliards d'euros, en 2000, à 453 milliards en 2007. Ce système regroupait les prêts et découpait en tranches les risques de défaut de paiement. Ils rendaient les emprunts meilleur marché et contribuaient à en encourager de nouveaux, notamment pour l'achat de maisons. Les banques

---

1. Mark Pittman, « Evil Wall Street Exports Boomed With " Fools " Born to Buy Debt », *Bloomberg News*, 27 octobre 2008.

réalisaient des profits records, notamment grâce au système parallèle, vecteur parfait pour propager la sécurisation.

Au moment où la crise se profilait, les trente plus grandes banques américaines – je parle ici uniquement des banques classiques de dépôts – détenaient seulement 1 dollar de capital pour chaque 11 dollars d'actifs à haut risque. Et plus de la moitié de ces actifs dangereux, soustraits aux regards, n'apparaissaient sur aucun livre de compte.

Les contribuables comblent les pertes à hauteur de 90 %

« La Citi ne dort jamais. » Ce slogan publicitaire, choisi par Citigroup, la première banque mondiale en termes de capitalisation, était probablement exact. L'établissement, au fur et à mesure de ses acquisitions, était devenu un véritable conglomérat financier dont les activités visibles et multiples ne représentaient pourtant que la face émergée de l'iceberg. La Citi avait créé neuf fonds d'investissement dont sept étaient des véhicules d'investissement relevant de l'« économie souterraine ». Le 13 juillet 2008, alors que la crise se profilait, le nouveau président de Citigroup, Vikram Pandit, déclara que sa priorité serait de réduire le montant des actifs financiers de la banque qui atteignait 2 200 milliards de dollars. Un chiffre sans équivalent dans tous les autres secteurs de l'activité américaine.

Pandit, en présentant son rapport de soixante-six pages, occultait soigneusement une autre réalité beaucoup plus préoccupante : le secteur « clandestin » de la banque détenait, à travers ces sept fonds, 1 100 milliards d'actifs, essentiellement des dérivés, sous forme de CDO (Colletarized Debt Obligation) ou de crédits immobiliers, transformés en « mortgage-backed securities », des crédits titrisés, c'est-à-dire découpés en tranches, selon une cuisine complexe, puis revendus ensuite en paquets. Le concepteur d'un de ces dérivés confiait : « Je montais dans la salle des marchés et je regardais mon programme mis à l'œuvre sur une mer d'écrans. Un programmateur n'admire pas tant sa création pour ce qu'elle fait que pour la manière dont elle le fait. Ce truc était beau, élégant[1]. » Et mortel.

Bloomberg News révéla à la même époque que sept des plus grandes banques américaines, dont la Citi, se trouvaient prises à la gorge, à hauteur de 300 milliards de dollars en crédits et liquidités dans leurs structures clandestines, en raison du retournement du marché immobilier et des défauts de paiements sur les cartes de crédit. Quelques mois plus tard, en novembre 2008, les chiffres révisés à la hausse révélèrent que la situation de Citigroup était en réalité beaucoup plus grave. Elle possédait 306 milliards de dollars en dérivés liés aux crédits immobiliers. Encore une fois, Wall Street vola au secours de Wall Street. Henry Paulson, l'ancien président de Goldman Sachs, devenu ministre des Finances, concocta un plan indolore pour Citi. La banque couvrirait ses premiers 29 milliards de dollars d'actifs toxiques, et les contribuables américains combleraient le reste à hauteur de plus de 90 %… Neuf mois auparavant,

1. Sylvain Cypel, *Le Monde*, 8 avril 2009.

la banque avait déjà annoncé des pertes proches de 11 milliards de dollars.

L'édifice se lézardait, mais qu'il ait pu se bâtir sur un tel mélange de rapacité, d'aveuglement et d'incompétence restait inexplicable. Cet endettement colossal n'avait créé aucun enrichissement, sauf pour ceux qui spéculaient sur ces produits. « Nous avons créé un désastre absolu », déclarait Nouriel Roubini, professeur à l'université de New York, un des rares à avoir prévu la catastrophe. Un des hommes qui incarnaient cet échec et l'impunité qui allait en découler était certainement Robert Rubin. Il était le reflet parfait de l'arrogance de la finance et de son indifférence aux réalités économiques et sociales ainsi qu'à ses propres échecs. Grâce à Rubin et à la manière dont il avait fait plier Bill Clinton, le monde financier avait pu prendre son envol, affranchi de toute contrainte. Il avait créé les conditions de la crise, mais n'était pas prêt le moins du monde à le reconnaître, pas plus qu'il n'acceptait d'admettre sa responsabilité et son échec au sein de Citigroup. Pendant les huit années où il présida le comité exécutif, la banque perdit 70 % de sa valeur. Lorsqu'il démissionna, en janvier 2009, le cours de l'action était passé de 58 dollars à 1 dollar – en moins de deux ans. Pourtant, Rubin partit avec 140 millions de dollars d'indemnités, récompensant un travail si mal accompli. Il avait également vendu, au moment opportun, ses stocks d'actions de la Citi, ce qui relève du délit d'initié et lui vaut, depuis 2008, de faire l'objet d'une plainte des actionnaires.

En huit ans, Rubin avait vu siéger à ses côtés, à la direction de la Citi, des personnalités venant de divers horizons de l'establishment américain : l'ancien président du groupe pétrolier Chevron, Kenneth Derr, celui du géant de l'aluminium Alcoa, Alan Belda, le patron du géant de la communication Time Warner, Richard Parsons, ou encore John Deutsch, ancien directeur de la CIA.

Wall Street dégage une atmosphère de pouvoir

Selon Simon Johnson, ancien chef économiste du Fonds monétaire international, « Wall Street est un lieu très séduisant, dégageant une atmosphère de pouvoir. Ses dirigeants croient vraiment qu'ils contrôlent les leviers qui font tourner le monde. Pendant tout le temps que j'ai passé au FMI, j'ai été impressionné par la facilité d'accès des dirigeants financiers aux plus hauts échelons du gouvernement américain et la façon dont les trajectoires entre ces deux types de carrière s'entremêlaient. Je me souviens nettement d'une réunion qui s'était déroulée au cours de l'année 2008 et à laquelle participaient des décideurs politiques de premier plan, provenant d'une poignée de pays riches. Ils approuvaient les propos de l'orateur qui affirmait que la meilleure préparation pour devenir gouverneur d'une Banque centrale consistait d'abord à travailler dans une banque d'investissement[1] ».

Ben Bernanke, l'homme qui, depuis 2006, remplace Alan Greenspan à la tête de la Fed, un austère bâtiment de marbre blanc installé sur Constitution Avenue à Washington, propage avec

1. Simon Johnson, art. cité.

zèle ce credo sur l'omniscience des banques. Cet homme de cinquante-six ans à la barbe soigneusement taillée, ancien professeur d'économie, est un spécialiste de la Grande Dépression des années trente. Il succède, lourde tâche, à Alan Greenspan qui avait régné pendant près de vingt ans sur la Fed. Bernanke, avec sa voix douce et ses manières effacées, va démontrer de manière éclatante que les hommes théoriquement les mieux préparés à affronter des crises semblables à celles qu'ils ont étudiées sont parfois les plus incompétents.

« La Fed écoute Wall Street, observait avec pertinence Willem Buiter, professeur à la London School of Economics, en 2008. À travers les douze mois de crise, ajoutait-il, il est difficile de ne pas avoir l'impression que la Fed est trop proche des marchés financiers et des principales institutions financières, et trop sensible à leur cause pour prendre les bonnes décisions nécessaires à l'ensemble de l'économie[1]. »

Bernanke avait été choisi pour son absence de charisme et de caractère ; et pour son allégeance à la politique suivie par les milieux financiers. En 2006, au moment où il prenait ses fonctions, et alors que le monde commençait à se rapprocher à grands pas du bord du précipice, il déclarait : « La gestion du risque sur les marchés et le crédit est devenue incroyablement sophistiquée. Les organisations bancaires de toutes tailles ont réalisé des progrès substantiels au cours des deux dernières décennies dans leur capacité à évaluer et gérer les risques… »

1. Willem Buiter, « Wall Street Bailout Aid Questionned at FED Event », The Associated Press, 25 août 2008.

William White, ancien conseiller économique à la Banque des règlements internationaux, se rappelle une conférence qui s'est déroulée en 2003 et à laquelle assistaient Greenspan et Bernanke. Il a pris la parole pour demander aux politiques de surveiller attentivement le prix des actifs et l'essor massif du crédit. Si une bulle spéculative se développait, il leur conseillait d'agir contre « le sens du vent en augmentant les taux d'intérêt ». White se rappelle que Greenspan et Bernanke réagirent froidement à cette proposition. Bernanke, estime-t-il aujourd'hui, « considère qu'il est impossible de se dresser face au vent, et qu'il vaut mieux nettoyer après les dégâts survenus[1] ».

Le président de la Federal Reserve est, à lui tout seul, un véritable précis d'incompétence. À toutes les étapes de la crise, il se révèle inexistant. Il a fallu qu'éclate en 2007 la bulle immobilière, la crise des subprimes, pour qu'il découvre enfin qu'elle existait. Jusqu'à la fin de l'été 2008, il sous-estima gravement l'ampleur des risques et se révéla incapable de formuler une stratégie claire. S'il avait exercé une profession médicale, il aurait été anesthésiste à coup sûr.

En 2005, il estime que « les prix immobiliers reflètent la croissance de l'économie, la croissance de l'emploi et des revenus ». En janvier 2006, il évoque « la grande atmosphère de calme qui règne sur les marchés » et il confie, réfractaire à toute analyse pessimiste, que les crédits dérivés sont suffisamment disséminés pour pouvoir être absorbés sans risques.

1. *The New Yorker*, décembre 2008.

La dette toxique échappait à tout examen

Jusqu'à l'été 2007, les apparences sont trompeuses. Il n'y avait jamais eu autant de prêts « titrisés », « sécurisés » puis revendus, sur lesquels les banques prélèvent des commissions importantes, tandis que les fonds spéculatifs ou les véhicules d'investissement qui les achètent réalisent eux aussi des bénéfices considérables. Pendant cette période, la pression des banques sur le Congrès américain et la Fed ne se relâche pas un seul instant pour préserver soigneusement leur liberté de mouvements. Selon Alan et Ian Katz, Bernanke fait alors le même choix que son prédécesseur, résumé d'une formule assassine : « Greenspan dormait tandis que la dette soustraite au bilan échappait à tout examen[1]. »

Alors même que la crise des subprimes se profile, la voracité des établissements financiers ne cesse de croître et les jette dans une véritable fuite en avant.

Des experts de JP Morgan avaient conçu en 1997, à coups de modélisation mathématique, les fameux CDO, dont chacun contenait des centaines et même des milliers de prêts ou de bons. Ce sont des titres de dettes fondés sur les titres de plusieurs actifs.

Une course à la fois au gigantisme et à la miniaturisation, qui, toute proportion gardée, me fait penser à l'invention de la puce informatique et au développement vertigineux de sa puissance de stockage des informations.

1. Alan et Ian Katz, art. cité.

L'objectif initial de JP Morgan, en concevant ces produits, est de conserver ceux qui offrent les meilleures garanties de qualité et de vendre les plus risqués à d'autres firmes prêtes à les acheter en raison des commissions plus élevées qu'elles en retireront.

Le tournant survient en 2002, quand la faiblesse des taux d'intérêt pousse tous les acteurs à chercher des retours sur investissement encore plus élevés. Le secteur des prêts immobiliers à risques offre, convertis en CDO, un profit appréciable.

Entre octobre et décembre 2006, les banques diffusent le montant record de 130 milliards de dollars de CDO, le double du niveau de l'année précédente, et 40 % d'entre eux proviennent d'« asset-backed securities », des dettes titrisées converties en dérivés qui reposaient cette fois en majorité sur des subprimes, les crédits immobiliers douteux. Cette performance porte le niveau des ventes de CDO, pour 2006, à un montant de 470 milliards de dollars.

Dans cette course vers l'abîme, une firme se distingue : Merrill Lynch. La plus puissante société de courtage de Wall Street met les bouchées doubles, tel un sprinter qui tente de combler son retard. En 2005, Merrill accentue son effort pour devenir le plus gros fabricant et vendeur de CDO de la place financière. La firme joue avec le feu en concevant des produits à haute teneur toxique où les emprunts immobiliers tiennent une large place. Les dirigeants paraissent vouloir se conformer au logo de la firme qui domine l'entrée du siège et montre un taureau (symbole de hausse à la Bourse) aux cornes fièrement pointées. En

2006, les profits nets réalisés grâce à ces produits atteignaient 7,5 milliards de dollars et dépassaient ceux de ses rivaux, Goldman Sachs, Lehman Brothers et Bear Stearns, ce qui fut encore le cas pendant le premier trimestre de 2007. Les commissions générées par les CDO varient entre 0,4 % et 2,5 % du montant vendu. Un montant de 316 milliards de crédits immobiliers transformé en CDO rapporte entre 1,8 et 8 milliards de dollars. Des bénéfices considérables, facilement obtenus et qui incitent tous les acteurs à une boulimie sans fin.

Le montant des dérivés reposant sur des emprunts immobiliers était de 35 milliards en 1994. Il atteint 625 milliards de dollars en 2005. Et dans la longue chaîne du profit, les agences de notation se retrouvent en bonne place. Le revenu net de Moody's grimpa de 159 millions de dollars en 2000 à 705 millions en 2006. Une hausse due, pour une large part, aux commissions recueillies dans le domaine de la « finance structurée », l'appellation qui recouvre les montages des produits dérivés. Pour un secteur financier fasciné par les profits gigantesques qu'il recueille, l'usage de ces produits ressemble à un véritable dopage aux hormones.

En 2007, le fruit est mûr et chacun pense pouvoir continuer à le cueillir sans remarquer qu'un ver, de l'intérieur, l'a déjà totalement rongé.

9

Entre 2002 et 2007, les États-Unis vont crever un nouveau plafond. Durant cette période, le montant des prêts immobiliers à risque, les fameux subprimes, dépasse les 2 500 milliards de dollars. Dès 2006, la société Indy Mac, qui est le plus gros fournisseur américain de crédits immobiliers, ne demande plus aux emprunteurs d'apporter la preuve de leurs revenus. Lorsque l'établissement fait faillite, le 12 juillet 2008, le gouvernement en prend le contrôle à travers le FDIC (Federal Deposit Insurance Corp).

En 1934, en pleine Grande Dépression, Franklin Roosevelt avait créé, à travers cet organisme, un système fédéral d'assurances destiné à rassurer les épargnants qui déposaient leur argent. En 2007, chaque compte d'un client de banque est garanti à hauteur de 100 000 dollars. Seul problème : le FDIC détient en réserve 42,5 milliards de dollars, un montant dérisoire face à l'ampleur de l'endettement. Pourtant, le FDIC n'ignore rien de la gravité de la situation et se tait. Il connaît tous les établissements financiers présentant un risque et en a même dressé une liste, tenue secrète, qui ne regroupe pas moins de cent dix-sept noms.

Un chiffre considérable qu'il a, sans aucun doute, transmis à la Fed et au ministère des Finances, deux institutions en mesure de faire remonter l'information jusqu'à l'échelon le plus élevé du pouvoir, la Maison Blanche.

Mais, en cette période, le silence est d'or. Rien ne filtre et personne n'agit. En privé, les responsables du FDIC prétendent que la divulgation de cette liste provoquerait la panique des déposants qui retireraient leurs fonds.

Le système bancaire fantôme

Le 17 avril 2007, les délégués du G8 présents à Washington se retrouvent au siège de la Banque mondiale. Ce sont, en majorité, les gouverneurs des Banques centrales ainsi que Tim Geithner, l'actuel ministre des Finances d'Obama, à l'époque président de la Fed de New York. Un invité inattendu est également présent, Jim Chanos, fondateur du *hedge fund* (fonds spéculatif) Kynikos, réputé pour prendre des positions agressives à « court terme ». Gillian Tett a rapporté l'avertissement formulé par Chanos au cours de son exposé : « Les *hedge funds* sont dans un métier qui exige de prendre des risques calculés et ils tendent à surveiller leur exposition à ce risque. En revanche, d'autres acteurs du système financier sont beaucoup plus dangereux parce qu'ils prennent des risques que personne ne peut voir. Vous ne devriez pas vous inquiéter à propos de nous, mais plutôt à propos des banques[1]. » Il évoque les niveaux de levier sans cesse croissants

1. Gillian Tett, *op. cit.*

pratiqués par les banques d'investissement, les piles énormes d'actifs de crédits opaques que les banques détiennent et auxquels elles ne comprennent rien; les CDO et autres véhicules d'investissement qui forment d'étranges tentacules enserrant les banques.

Ses propos ne suscitent qu'un intérêt poli chez ses auditeurs. Pourtant, à cette époque, le système bancaire clandestin, mis en place depuis des années, est enfin sorti de l'anonymat grâce au sens de la formule de Paul McCulley. Ce dirigeant de PIMCO, le leader mondial sur le marché des obligations, l'a baptisé « système bancaire fantôme » (Shadow Banking System), parce que « caché pendant des années, épargné par la régulation, encore libre de créer et de transformer magiquement en contrats des prêts immobiliers à risque, acheminés ensuite dans des conduits à trois lettres (SIV) que seuls les magiciens de Wall Street pouvaient expliquer[1] ».

L'expansion de la consommation et notamment l'explosion des crédits immobiliers sont devenues le moteur de la croissance américaine. Martin Feldstein, ancien conseiller économique à la Maison Blanche, a calculé en 2007 que la valeur de la dette immobilière américaine a augmenté de presque 3 000 milliards de dollars. La croissance de cette dette pour la seule année 2004 se montait à 1 000 milliards de dollars. En clair, la valeur toujours orientée à la hausse des habitations achetées à crédit garantit aux propriétaires de nouvelles capacités d'emprunt; ces prêts sont gagés sur les prix estimés des maisons. En 2006, le total des

---

1. Bill Gross, « Beware our Shadow Banking System », *Fortune*, 28 novembre 2007.

emprunts consentis pour l'achat d'une habitation supplémentaire se chiffre à 600 milliards de dollars.

Des déchets deviennent de l'or

À cette époque, immobilier et services financiers représentent, à eux deux, près de 50 % de la croissance du secteur privé américain. « L'effet de la richesse » (il serait plus juste de dire son illusion) et son corollaire, la poursuite de l'expansion, reposent à tout prix sur la hausse des prix des maisons. L'endettement suscite l'achat qui provoque à son tour un endettement accru.

Ce surendettement des ménages, leur surconsommation, enrichit les firmes, fait bondir le cours de leurs actions.

Pour mesurer la formation d'une bulle immobilière, le calcul repose sur le prix moyen d'une habitation, rapporté au revenu disponible. Historiquement, aux États-Unis, le ratio est de 3 à 1. En 2004, il atteint 4 à 1. Un chiffre trompeur. À Los Angeles, le ratio est de 10 à 1, et de 9 à 1 à Miami. L'ancien financier Michael Lewis décrit ces prêts consentis, à partir de 2005, à des clients qui n'auraient jamais dû en bénéficier : des acheteurs qui se transforment en spéculateurs. « Un ouvrier agricole mexicain, ramasseur de fraises, disposant d'un revenu annuel de 14 000 dollars, et ne parlant pas anglais, s'était vu prêter jusqu'au dernier centime nécessaire pour acheter une maison de 720 000 dollars. Les prêts étaient consentis à des gens qui, selon les critères d'attribution normaux des crédits, étaient les moins solvables[1]. » Il rapporte l'histoire d'une femme de ménage jamaïcaine qui s'était retrouvée propriétaire de cinq maisons dans le Queens, à New York. « Après l'achat de la première, comme sa valeur montait, les prêteurs sont revenus et lui ont suggéré un refinancement de 250 000 dollars qui lui permettait d'en acheter une autre. Là aussi, le prix grimpait et ils ont réédité l'expérience. Lorsque le marché s'est effondré, ils furent bien sûr incapables d'assurer les remboursements[2]. »

Cette euphorie qui gagne les plus modestes provient en réalité de leur mise en coupe réglée. Les subprimes, rappelle Saskia Sassen, représentent 47 % de l'ensemble des crédits hypothécaires accordés en 2007 à des Afro-Américains à New York, contre seulement 1 % accordé à des Blancs. La cherté des crédits est également souvent indexée à la race : les Afro-Américains ou les Latinos paient plus cher que les Blancs.

Ces gens modestes auraient certainement été très surpris d'apprendre que les prêts infiniment douteux et risqués qui leur avaient été consentis se transformaient, grâce à la baguette magique des agences de notation, en produits de haute qualité, offrant les meilleures garanties. Ces montagnes d'emprunts « pourris », découpés en tranches, mélangés à d'autres crédits, titrisés, se révélaient méconnaissables quand ils étaient prêts à être réinjectés sur le marché à travers les circuits financiers parallèles.

Michael Lewis évoque la perplexité d'un de ses amis financiers : « Il ne pouvait pas arriver à

1. Michael Lewis, « The End », *Portfolio*, 20 novembre 2008.
2. *Ibid.*

comprendre comment les agences de notation justifiaient la transformations de prêts BBB (la plus mauvaise note) en crédits notés AAA. » « Je ne comprends pas, disait-il, comment ils font pour que ces déchets deviennent de l'or. » Il apporta certains de ces bons à des responsables de Goldman Sachs, Lehman Brothers et UBS, auxquels il rendit visite : « Nous posions toujours la même question : où sont les agences de notation dans tout ça ? Et nous obtenions toujours la même réaction : un sourire ironique[1]. »

Il appela Standard and Poor et demanda ce qui arriverait à des produits réputés sans risque si les prix de l'immobilier chutaient. Son interlocuteur ne pouvait pas répondre : le modèle (mathématique) conçu pour le prix des maisons n'acceptait pas le moindre chiffre négatif. Les responsables partaient du principe que ces prix allaient continuer de croître.

Janet Tavakoli, experte financière réputée, s'étonnait avec raison en constatant que 80 % des prêts à risque bénéficiaient de la même notation AAA (c'est-à-dire quasiment dépourvus de tout risque) que les bons du Trésor américains.

En mai 2006, le président de la Federal Reserve évoqua des signes de spéculation sur le prix des habitations dans quelques régions, et la formation de « bulles spéculatives au niveau local ». Il ajouta qu'il ne voyait pas la formation d'une bulle immobilière au niveau national et que l'économie ne présentait pas de risque. Ces informations allaient à l'encontre de l'étude publiée auparavant par le célèbre économiste Kurk Richebächer, que

1. *Ibid.*

Greenspan ne pouvait ignorer. « Historiquement, écrivait-il, les bulles immobilières ont été régulièrement la cause essentielle des principales crises financières. Toutes les bulles spéculatives s'achèvent douloureusement, mais en particulier celles liées à l'immobilier. Ce sont des bulles particulièrement dangereuses en raison de leur extraordinaire intensité en termes d'endettement. Les chiffres parlent d'eux-mêmes. En 1996, les propriétaires des maisons empruntaient 332,2 milliards ; en 2000, leurs emprunts se chiffraient à 558,6 milliards ; avec le grossissement de la bulle, le montant était de 1 017,9 milliards en 2004[1]. »

Richebächer faisait partie d'un groupe d'économistes autrichiens formés à l'école de Joseph Schumpeter qui avait observé que chaque boom économique provenait d'une expansion démesurée du crédit, hors de proportion avec la croissance de l'économie réelle.

En janvier 2007, l'économiste témoigna d'un pessimisme accru, estimant que l'économie américaine était confrontée « à la pire bulle [spéculative] de son histoire[2] ».

L'appât du gain

Je demande à un ancien cadre dirigeant de Lehman Brothers d'évoquer cette période. L'homme a perdu son travail lors de la faillite, en 2008, de la célèbre banque d'investissement, et

---

1. Kurt Richebächer, « Property Bubbles », *The Richebächer Letter*, 7 juillet 2005.
2. Kurt Richebächer, « Inflate or Die », *The Richebächer Letter*, janvier 2007.

depuis il recherche toujours un emploi. Âgé de quarante-six ans, il m'a donné rendez-vous dans le quartier du Village à New York, où il habite. Nous nous retrouvons en début d'après-midi dans un café situé dans une rue tranquille et ombragée à deux pas de Bleecker Street.

Ce qui me frappe d'emblée, c'est son regard inquiet qui balaie la salle comme s'il redoutait que quelqu'un ne cherche à nous écouter. « Je veux bien vous parler, dit-il, mais en aucun cas être cité. J'éprouve les plus grandes difficultés pour retrouver un emploi et si mon nom apparaissait je serais définitivement grillé. » Il se décrit comme ayant travaillé à proximité des « réacteurs en fusion », le secteur où l'on élaborait et vendait les futurs actifs toxiques. Avait-on conscience au sein de Lehman de l'extrême fragilité de cet édifice reposant sur un endettement qui dépassait l'entendement ? Sa réponse est tranchée : « Personne dans ce milieu ne se préoccupe de l'état de la société ou de l'économie. Vous vivez hors du monde réel et l'ampleur des profits réalisés vous amène à penser que c'est vous qui faites le bon choix et qui avez raison. Vous connaissez, bien sûr, le syndrome du roi Midas obsédé par l'or. Eh bien, ajoute-t-il avec un léger sourire, à Wall Street, nous avions fini par nous considérer comme ses héritiers. »

Je lui demande quel a été, selon lui, le point de départ de cette extraordinaire dérive. « L'appât du gain et la perte des gains traditionnels. La concurrence obligeait notamment à baisser le montant de nos commissions sur les stocks dont nous nous occupions. Alors, nous nous sommes orientés vers l'innovation et de nouveaux produits.

Quelqu'un a dit que les mathématiciens et les physiciens, devant le déclin des programmes spatiaux et la baisse des budgets, étaient prêts à graviter autour de Wall Street. C'est parfaitement exact. Les dérivés qu'ils ont conçus se sont révélés si complexes et sophistiqués que nos dirigeants avaient le sentiment grisant de révolutionner le monde de la finance… et du profit. Richard Fuld, le patron de Lehman à cette époque, représentait l'archétype du patron de Wall Street : il était le plus cupide et le plus arrogant d'entre nous. L'horizon, avec lui, se limitait aux performances réalisées par nos rivaux, et aux méthodes à utiliser pour les dépasser. Il fallait, sans cesse, concevoir et vendre de plus en plus de produits dont personne, pas même Fuld, ne comprenait le fonctionnement. Je me souviens d'un sondage professionnel effectué auprès de toutes les catégories de financiers qui vendaient ces dérivés : plus de 60 % d'entre eux reconnaissaient ne rien comprendre à leur fonctionnement. Je pense, en fait, que le pourcentage réel devait être beaucoup plus élevé. »

Au fur et à mesure qu'il s'exprime, mon interlocuteur semble se détendre, comme si ses propos le libéraient, l'apaisaient. « Cette incompréhension devant ces produits explique, selon moi, l'incompréhension des dirigeants en 2007 et surtout en 2008, lorsque la crise a éclaté. Je me souviens de plusieurs réunions de crise avec Fuld, le président, lorsque l'établissement a accusé des pertes de 2,8 milliards de dollars. Nous étions dans la salle de réunion, au siège de Lehman sur la 7e Avenue. C'était en avril 2008. Il nous a déclaré : " Le pire est derrière nous. " C'était surréaliste, alors que nous avions essuyé sur des positions des pertes gigantesques qui pouvaient s'aggraver. À une autre réunion, juste après, alors que le montant des pertes était à nouveau évoqué, Fuld nous a déclaré : " Nous n'allons pas continuer à perdre notre temps à en discuter. Le sujet est clos, maintenant bougeons et allons de l'avant ". » À partir de là, Lehman Brothers a ressemblé à un sous-marin qui amorce sa plongée. Nous avons fermé les écoutilles, ouvert les ballasts et rentré le périscope. Fuld avait donné des ordres stricts à tous les services, pour qu'aucune information ne filtre à l'extérieur. Et notre service de relations publiques reçut l'ordre de ne répondre à aucune demande d'interview ou d'information en provenance de la presse. Nous ressemblions, je vous l'ai dit, à un sous-marin qui descend de plus en plus profondément, en ayant coupé ses moteurs pour ne pas éveiller l'attention. Simplement, personne ne savait encore que nous allions nous écraser au fond. »

Je lui parle des proportions délirantes prises par l'endettement immobilier, devenu le moteur de la consommation et de la croissance aux États-Unis. Pour la première fois, il réfléchit, la tête légèrement penchée sur le côté, avant de livrer sa réponse. « De mon point de vue, l'ampleur prise par cet endettement immobilier a plusieurs explications. D'abord, ces crédits constituaient notre aliment naturel, mais je n'ai jamais soupçonné que les dérivés que nous fabriquions et vendions contenaient une telle dose de " toxicité " et reposaient sur des emprunts ne présentant aucune garantie. Je n'ai perçu cette réalité qu'après l'effondrement de Lehman. Mais je crois qu'il existe une autre raison : les financiers ont fait en quelque sorte le travail des politiques, ou peut-être ont-ils accompli ce travail – très lucratif pour eux – parce que les politiques le leur ont demandé. Cela, je ne sais pas. Mais, en tout cas, je suis certain d'une chose : ces crédits bon marché, cette bulle immobilière arrivaient au bon moment. Rappelez-vous, tout cela s'est mis en place en 2003, 2004. Les revenus et le pouvoir d'achat de la majorité des ménages américains stagnaient ou diminuaient et là-dessus, survenait l'intervention militaire en Irak dont le coût allait se révéler élevé. Un double fardeau qui pouvait vite devenir insupportable pour des dizaines de millions d'habitants de ce pays. Eh bien, l'endettement, notamment à travers l'immobilier, redonnait à l'opinion l'illusion d'avoir retrouvé un pouvoir d'achat accru et rendait indolore le coût de la guerre. »

Ma dernière question le déride totalement. Il fait tourner la tasse de café vide autour de ses doigts en éclatant de rire. Il reprend les mots que je viens de prononcer comme s'il s'agissait d'une excellente plaisanterie que l'on veut savourer à nouveau. « Si je pense que le système financier peut se moraliser ou être moralisé à la suite de cette crise et éviter de nouveaux excès ? Mais jamais ! Il fonctionne toujours, bien ou mal, sur de mauvaises habitudes et une absence totale de principes. C'est une réalité que personne ne veut changer. Aucun politique n'a le désir ni le pouvoir de le faire. Je lis parfois ou j'entends à la télévision les propos d'hommes ayant travaillé dans des groupes financiers et qui déclarent : " C'est terrible, mais nous avons créé sans le savoir un véritable Frankenstein qui a échappé à notre contrôle. " C'est de la foutaise. Tous ces types qui parlent n'ont occupé que des postes subalternes. Mais les gens comme moi qui ont exercé des fonctions de direction n'expriment aucun regret. Si demain je retrouve un poste équivalent, je recommencerai comme avant. Quant aux dirigeants de ces firmes, croyez-vous qu'ils soient murés dans le silence parce qu'ils sont rongés par les remords ? Pas le moins du monde. Ils sont fous de rage à l'idée d'être mis sur la touche et de ne pouvoir continuer d'assouvir leurs instincts de prédateurs. »

Au moment de me quitter, il me dira : « Si vous voulez comprendre cette crise, intéressez-vous également à l'endettement des établissements financiers et aux marchés sur lesquels ils empruntaient. Vous connaissez le Repo Market ? Non ? Eh bien, informez-vous, c'est tout à fait édifiant[1]. »

10 000 milliards de dollars

Si je retrace la chronologie des événements, je découvre que tous les clignotants commencent à passer au rouge dès le premier trimestre 2007. Le niveau vertigineux d'endettement couplé aux difficultés croissantes provoquées par des crédits immobiliers à risque, transformés en dérivés, rend la situation explosive, ou plutôt dépressive. Au printemps 2007, le système financier mondial ressemble à un malade dont l'organisme est si affaibli que le moindre microbe peut lui être fatal.

Au début de l'année 2007, le système financier clandestin, le fameux « Shadow Banking System »,

1. Entretien avec l'auteur, mai 2009.

détient 10 000 milliards de dollars d'actifs achetés grâce à des emprunts à court terme qu'il éprouve de plus en plus de difficultés à refinancer. Sur cette somme, 2 500 milliards de dollars ont été financés sur le fameux Repo Market évoqué par mon interlocuteur.

Stanley O'Neal, le patron de Merrill Lynch, annonce des profits records en 2005 et 2006, année où il obtient un bonus de 14 millions de dollars. En octobre 2007, il jette l'éponge et reconnaît, face aux pertes : « Ça a mal tourné parce que nous étions surexposés sur le marché des subprimes et nous avons souffert d'une diminution des liquidités sur ce marché. » Il quitte Merrill avec une indemnité de 162 millions de dollars. Son successeur, John Thain, ancien de Goldman Sachs et ex-directeur de la Banque de New York, hérite d'une société au passif imposant. Pourtant, alors que sa firme sera sur le point d'être absorbée par Bank of America, il autorisera le versement de 4 milliards de dollars de bonus et décidera d'avancer la date des paiements pour que le repreneur ne puisse s'y opposer.

Les résultats obtenus jusqu'en 2007 par les banques d'investissement – plus de 90 milliards de dollars de profit net, en 2006 – découlent de l'ampleur sans précédent des effets de levier. Chez Goldman Sachs, ils atteignent 25 fois les fonds propres, 29 chez Lehman Brothers, 32 chez Merrill Lynch et 33 chez Morgan Stanley et Bear Stearns. Les cinq établissements ressemblent à des joueurs assis dans un casino autour d'une table et misant, à crédit, des sommes toujours plus élevées.

10

Le 12 juin 2007, la maladie se déclare, mais reste soigneusement cachée. Un fonds spéculatif lié à la Bear Stearns, la cinquième plus importante banque d'investissement de Wall Street, se retrouve en difficulté, en raison de l'ampleur de ses effets de levier et de sa forte exposition aux subprimes, et, pis encore, aux crédits immobiliers consentis à des emprunteurs n'offrant aucune garantie de solvabilité.

Les créateurs du fonds ont levé, en 2002, 925 millions de dollars. Face au succès, ils ont créé en 2006 un nouveau fonds qui garantissait implicitement un retour sur investissement de 20 dollars pour chaque dollar placé. Plus les pertes des deux fonds se creusent et plus les pressions sur Bear Stearns s'accentuent. Les CDO commercialisés par ces deux fonds sont également détenus par ses concurrents, JP Morgan, Merrill Lynch et Goldman Sachs, qui menacent de les vendre et d'en faire circuler la liste auprès des investisseurs potentiels. Ce n'est plus une pression qui s'exerce sur Bear Stearns, mais le début de la curée. En juin, Bear annonce à ses rivaux qu'il liquide un des deux fonds et injecte 3,2 milliards de dollars dans l'autre. Mais Bear Stearns, comme toutes les autres banques, détient trop de CDO liés à l'immobilier pour ne pas être totalement exposé à un retour du marché.

La formule de Walter Bagehot, le célèbre éditeur de *The Economist*, bien qu'écrite en 1873, reste d'une cruelle actualité pour les dirigeants de Bear Stearns : « Chaque banquier sait que s'il a à prouver qu'il est toujours détenteur de crédit, si bons soient ses arguments, son crédit en fait s'est envolé. »

L'avidité sans nom des milieux financiers et leur goût du secret vont, bien sûr, conduire à la crise. Mais les conceptions mêmes des dérivés dont ils abusent portent en germe cette catastrophe.

Ils étaient supposés, au début, gérer le risque, ou du moins le mesurer, ils ne vont faire que l'accroître. En vérité, les modèles complexes qui élaborent ces produits ne prennent pas en compte les changements de comportements survenus sur les marchés. Ces dérivés modélisent l'Histoire en s'appuyant sur le passé alors qu'il n'existe pas la moindre garantie que l'avenir lui ressemblera. Cet aveuglement se retrouve chez l'acheteur qui n'a aucune connaissance de la réalité de ce produit.

Les firmes manipulent les marchés

L'homme le mieux placé pour mesurer l'ampleur des menaces qui commencent à peser sur ces firmes, Henry Paulson, se tait. L'ancien président de Goldman Sachs, devenu ministre des Finances, prétend seulement que les problèmes qui surgissent découlent de mauvaises politiques en matière de prêts immobiliers.

Une sortie ridicule et provocante. Un des anciens collaborateurs du Trésor m'a confié à Washington : « Il savait que toutes ces banques, dont la sienne, avaient joué pendant des années avec le feu, et il n'ignorait pas que la situation allait empirer. Je ne l'ai pas entendu une seule fois se préoccuper de l'économie réelle, ni des conséquences sur l'emploi. Il n'avait qu'une seule obsession qui était aussi sa priorité : aider rapidement les banques quand elles en auraient besoin, en ayant les moyens d'injecter massivement de l'argent public. Contrairement à ce que beaucoup ont imaginé, le plan qu'il a élaboré ne visait pas à éviter un risque systémique pour l'économie mondiale. Pas du tout. Il s'agissait seulement pour ces responsables financiers de sortir indemnes d'une crise qu'ils avaient provoquée et d'avoir la garantie qu'ils pourraient poursuivre de plus belle. Quand j'ai découvert cette réalité, j'ai démissionné[1]. »

L'homme m'a été présenté par un journaliste ami et nous déjeunons à la terrasse d'un petit restaurant sur Dupont Circle. Grand et mince, d'allure fragile, il est âgé de trente-deux ans. Je lui demande ce qu'il compte faire maintenant. « Reprendre des études, tout en trouvant un travail en parallèle. Maintenant, de toute façon, je suis grillé dans l'Administration. »

---

1. Entretien avec l'auteur, avril 2009.

Refus de révéler les informations

Nous parlons des liens entre les milieux financiers et le ministère des Finances. Il se récrie : « Des liens, mais c'est une collaboration de tous les instants ! Le ministère des Finances, supposé indépendant, est totalement sous la tutelle du secteur financier. Bush a nommé Paulson parce que Wall Street se plaignait que ses prédécesseurs, notamment O'Neil et John Snow, avec lequel j'ai travaillé, représentaient la vieille économie traditionnelle. Il leur fallait un relais direct. » Je lui demande : « Comme du temps de Robert Rubin et Lawrence Summers avec Clinton ? » Il répond en souriant : « Je connais moins bien cette période mais il est vrai qu'il est étonnant de retrouver quelqu'un comme Lawrence Summers à la Maison Blanche aux côtés d'Obama. Les décisions qu'il a prises dans le passé et ses convictions vont totalement à l'encontre des positions affichées par Obama durant sa campagne. »

Pour illustrer l'étroite coordination qui existe selon lui entre Wall Street et le ministère, il évoque l'existence du « Working Group on Financial Markets ». Un organisme informel, créé au début des années 1990 et qui regroupe le ministre des Finances, le patron de la Fed, celui de la Bourse de New York ainsi que les dirigeants des grandes firmes financières. « Des décisions cruciales, explique-t-il, sont prises au cours de ces réunions. Une véritable coordination stratégique entre l'État fédéral et le secteur privé. Ce groupe aussi surnommé " Plunge Protection Team " (équipe de protection en cas de chute ou plongeon) garantit la stabilité des marchés financiers américains qui sont un facteur essentiel de notre influence à l'échelle mondiale. En cas de crise, comme en septembre 2001, la Fed et les banques étaient prêtes à intervenir en achetant massivement des actions en cas de panique. Jusqu'ici, rien que de très normal. Mais ce qui l'est moins, c'est que la Fed et le Trésor laissent ces firmes manipuler les marchés en toute impunité et qu'ils s'engagent à les soutenir en cas de crise comme celle que nous avons traversée. » Je lui demande s'il existe des comptes rendus des réunions de travail de ce groupe et comment je pourrais les obtenir. Il secoue négativement la tête : « Aucune chance. Le ministère des Finances refuse de divulguer la moindre information[1] sur son fonctionnement et sa composition[1]. » Il m'explique la mésaventure survenue en 2007 au journaliste du *New York Post*, John Crudele, qui voulait lui aussi obtenir la communication des minutes de travail des réunions du groupe. Il avait fait reposer sa requête sur le Freedom Information Act qui garantit – théoriquement   à tout citoyen le libre accès à des documents officiels. John Crudele souhaitait connaître le rôle et l'influence de Paulson au cours de ces réunions. Sa demande est restée ignorée. Tout comme celle du représentant républicain du Texas à la Chambre des représentants, Ron Paul, qui a confié, à Crudele justement : « Une enquête informelle menée auprès du ministère des Finances par notre bureau n'a rien donné. Ils prétendent que les minutes de ces réunions

---

1. Entretien avec l'auteur, avril 2009.

n'ont jamais été consignées et donc qu'elles n'existent pas[1]. »

« Nous nous sommes tant aimés » pourrait être l'épitaphe marquant la fin de la longue et fructueuse complicité entre les banques et les agences de notation. Ces dernières commencent à prendre peur devant la crise des subprimes, comprennent qu'elles sont allées trop loin et abaissent brusquement les notations de centaines de produits dérivés liés à l'immobilier. Le 15 juin, Moody's supprime ses notations BBB (mauvaise qualité) sur 131 dérivés, ce qui équivaut à leur mise à mort, et réduit la notation attribuée à 247 autres produits dérivés, tous liés aux prêts immobiliers. Explication fournie par Moody's et rapportée par Gillian Tett : « Ses experts trouvent qu'il est trop difficile de déchiffrer les tendances du marché immobilier. Ces emprunts mobiliers font défaut à un taux matériellement plus élevé que les attentes que nous avions formulées au début[2] (sic). »

En réalité, comme l'écrivit Lisa Kassenaar, « les agences de notation qui étaient sous la pression des investisseurs pour qu'elles accordent leurs notes les plus élevées aux CDO composés de prêts constitués de subprimes, déclassaient le niveau de qualité de la dette. Les agences menaçaient du même déclassement des véhicules d'investissement qui appartenaient conjointement à Citigroup et HSBC – et dont deux avaient fait défaut en octobre – qui vendaient leurs actifs à des prix

---

1. John Crudele, « No Freedom of Information on the Plunge Protection Team », *The New York Post*, 15 mai 2007.
2. Gillian Tett, *op. cit.*

bradés pour tenter de refinancer leurs prêts à court terme [1] ».

Le monde financier commence à ressembler à un vaste filet, dont les mailles étroitement serrées sautent peu à peu. Un établissement de prêt allemand ne peut plus faire face, mais surtout le géant bancaire suisse UBS se prépare à annoncer des pertes atteignant presque les 4 milliards de dollars, découlant là encore de l'immobilier.

Témoignant devant le Congrès, le 18 juillet, Ben Bernanke de la Fed estime le montant des pertes liées aux subprimes entre 50 et 100 milliards de dollars. Mais, ajoute-t-il, « c'est un problème qui reste négligeable ramené à l'échelle du système bancaire ».

« Surtout ne pas intervenir »

L'inquiétude succède à l'euphorie avec la même intensité. La défiance s'installe. Les propos de Bernanke sont démentis par les faits. Le président de la Fed est évidemment le premier à savoir que tous les indicateurs sont au rouge : le prix de l'or grimpe comme celui des bons du Trésor pendant que les prix des obligations rattachées aux entreprises et des actifs libellés en dérivés immobiliers ne cessent de chuter. Sur le marché interbancaire, le coût des dollars empruntés ne cesse pas de grimper. Après des années d'ivresse, les opérateurs soudain dégrisés font preuve d'une prudence absolue.

À la Fed de New York (le fonctionnement de la Banque centrale repose sur douze entités régio-

1. Lisa Kassenaar, « At Subprime Event too Early to Tell Who'll Survive », *Bloomberg*, 20 novembre 2007.

nales qui disposent d'une large autonomie), le président Tim Geithner, très proche de Wall Street, met à la disposition des opérateurs 24 milliards de dollars, puis, le jour suivant, 36 milliards supplémentaires. De son côté, la Banque centrale européenne injecte, elle, 61 milliards d'euros. En pleine torpeur estivale, alors que l'opinion ne soupçonne pas le drame qui est en train de se jouer et qui va durablement affecter l'existence de chœur, les banquiers centraux multiplient les réunions secrètes. Chez tous, l'angoisse est perceptible alors que des rumeurs insistantes, et fondées, font état des risques d'effondrement de plusieurs banques européennes. Le 12 septembre, le gouverneur de la Banque centrale, Mervyn King, reçoit un appel des dirigeants de la Northern Rock, le cinquième établissement bancaire britannique, réputé pour le nombre et l'ampleur des prêts consentis. La Northern Rock réclame à la Banque centrale une aide d'urgence. Les banquiers britanniques surexposés sur le marché américain vont accélérer la pandémie.

Les gouverneurs des Banques centrales affirmant qu'ils contrôlent la crise des subprimes ressemblent à des généraux installés sur la ligne Maginot.

Ce que les banquiers centraux européens ignorent encore, c'est que leurs efforts ne peuvent que renflouer le système bancaire officiel. Durant la période qui court de juin à octobre 2007, les Banques centrales vont continuer de tout ignorer du système parallèle mis en place par les établissements financiers. Ils aident des banques qui continuent de cacher la gravité de leur situation.

Les seuls à connaître la réalité de la partie immergée sont Henry Paulson et Tim Geithner. Le premier est un banquier, le second, un homme inféodé à Wall Street. En face, les gouverneurs des Banques centrales européennes ne sont que des bureaucrates aux yeux des responsables américains, de hauts fonctionnaires aux mains du pouvoir politique, alors qu'à Washington, c'est le pouvoir politique qui est sous l'influence du monde financier. Même la création et l'indépendance supposée de la BCE (Banque centrale européenne) n'ont rien changé à cette vision des choses. « Au ministère, m'a confié l'ancien collaborateur de Paulson qui a démissionné, nos partenaires européens n'étaient évoqués que très rarement et toujours de façon condescendante. Paulson incarnait, plus qu'aucun de ses prédécesseurs, l'omnipotence et l'arrogance du monde financier américain, et son sentiment de véritablement régner en maître sur la planète. » Je lui demande de me définir la politique menée par la Fed et le ministère des Finances face à la crise : « C'est très simple, me rétorque-t-il, en avançant sa main droite, tandis qu'il compte avec ses doigts. "Premièrement, laisser naître les bulles spéculatives ; deuxièmement, les laisser gonfler, troisièmement, surtout ne pas intervenir, sauf en cas d'absolue nécessité ". »

L'essentiel est de changer d'élites

Je repense à la phrase du célèbre économiste autrichien des années trente, Joseph Schumpeter, qui affirmait qu'« il existe partout des élites mais que l'essentiel est d'en changer de temps en temps ». C'est tout à fait juste en termes d'exigence démocratique, mais ce qui fait la force et garantit la pérennité des élites financières américaines, c'est justement qu'elles échappent à tout contrôle du champ politique.

Je repense à ce slogan entendu à plusieurs reprises aux États-Unis pour justifier l'emballement délirant des dernières années : « Dieu veut que vous soyez riches ». Et tandis que sur Times Square, je regarde défiler sur un large bandeau électronique les cotations des marchés, j'ai le sentiment que tout cela ne fut qu'une gigantesque imposture. Ces cotations qui défilent sous mes yeux en sont, en quelque sorte, le symbole : désormais, les fluctuations des marchés retransmises en temps réel, en direct, deviennent transparentes ; une véritable salle des marchés accessible à tous et renvoyant la vérité à chacun. Le pouvoir financier, avec la complicité du politique, a vendu l'illusion d'une démocratisation de la finance et de l'argent. Un véritable sésame qui s'offre enfin au plus grand nombre et les pousse à investir et à s'endetter. Un marché de dupes, en réalité. L'information s'arrête là où commence l'essentiel : les crédits dérivés « fabriqués » avec l'endettement croissant de la classe moyenne, et les prêts immobiliers des plus pauvres, titrisés, remaquillés sous le label AAA, puis réinjectés sur le marché en « offrant les meilleures garanties ». Une réalité, bien sûr, qui restera cachée à tous jusqu'au bout.

La Fed ne fut créée qu'en 1913 et, jusque-là, près de 7 500 banques privées installées à travers le pays émettaient des billets. L'argument avancé par le président Andrew Jackson pour refuser la création d'une Banque centrale révèle une étonnante prémonition : « Le grand Satan surgit d'une trop grande concentration de pouvoir entre les mains de quelques hommes. »

La toute-puissance de Paulson

À partir du fin du mois d'août 2007, le pouvoir à Washington change réellement de mains. Il passe de celles de George W. Bush à celles d'Henry Paulson. Pendant quatorze mois, jusqu'à l'élection d'Obama en novembre 2008, toutes les décisions cruciales ou erronées prises par l'Administration l'auront été en réalité par un seul homme, le ministre des Finances, flanqué de Ben Bernanke, le président de la Fed, et de Tim Geithner, le responsable de la Fed de New York.

Ce sera le secret le mieux gardé de cette fin de présidence Bush. Le chef de l'exécutif américain est littéralement mis entre parenthèses et ne fait plus qu'avaliser les décisions prises par le monde financier. Toute rhétorique belliqueuse disparaît des propos et les grands dossiers de politique étrangère sont relégués à l'arrière-plan. L'Iran devient indirectement le grand bénéficiaire de la crise financière : nul n'évoque plus une éventuelle intervention militaire pour empêcher ce pays d'accéder à l'arme nucléaire.

Pour Washington et Wall Street, la crise est devenue le seul dossier prioritaire. Un choix qui s'explique par l'avalanche de mauvaises nouvelles. Celle du nombre de défauts de paiement sur les emprunts immobiliers se répand comme une traînée de poudre. Le 31 août, la scène qui se déroule dans le Rose Garden, le jardin de la Maison

Blanche, symbolise la quasi-« mise sous tutelle » du chef de l'exécutif. George W. Bush arrive pour tenir une brève conférence de presse avec, à son côté, Paulson, carrure de géant, crâne rasé, lunettes à monture sobre sur un visage fermé. Le contraste entre les deux hommes est saisissant. Paulson fait penser à ces « shoguns de l'ombre » qui, au Japon, ne s'exposent que rarement aux regards mais tirent toutes les ficelles. Les propos de Bush traduisent son impuissance et son désarroi, quand il évoque de façon confuse la crise des subprimes. « Posséder une maison a toujours été au centre du rêve américain, déclare-t-il, mais les marchés connaissent une période de transition. »

La toute-puissance de Paulson cache une autre réalité : à la tête de Goldman Sachs, il s'est rendu plus de soixante-dix fois en Chine et entretient des liens étroits avec les dirigeants de Pékin, y compris au plus haut niveau. L'ancien « atelier du monde », devenu le premier créancier de Washington, avec l'achat de plus de 800 milliards de dollars de bons du Trésor américain, détient les plus importantes réserves de la planète : plus de 2 000 milliards de dollars. Au cours des années précédentes, les grandes banques d'investissement et les fonds spécialisés ont vu dans la Chine le marché idéal où écouler les fameux crédits dérivés. Les Chinois en ont acquis un grand nombre, pour des montants extrêmement élevés mais restés secrets. Ils détiennent au sein d'un organisme américain semi-public, Fannie Mae, d'importants stocks d'emprunts immobiliers, titrisés. La variante financière de la maladie de la vache folle a aussi contaminé les héritiers de l'empire du Milieu qui ont essuyé de lourdes pertes dont le total n'est pas révélé. Pour les responsables chinois, Paulson porte une double casquette : celle du coupable qui doit se racheter et devenir le sauveur du système financier mondial. Les dirigeants au pouvoir à Pékin ne se souviennent même plus que quelques décennies plus tôt, ceux qui les ont précédés à la tête du régime communiste se réjouissaient des crises qui affaiblissaient le système capitaliste. Aujourd'hui, ils redoutent plus que tout son instabilité.

La Chine est l'un des principaux protagonistes dans la partie qui se joue. Même si elle ne détient pas, loin de là, toutes les cartes, comme l'écrit Michael Hudson, ancien économiste à Wall Street : « Quand le déficit des paiements américains pompe des dollars dans des économies étrangères, les Banques centrales de ces pays disposent de peu de choix excepté l'achat de bons du Trésor américain, que le ministre des Finances américain dépense pour financer un énorme dispositif militaire hostile construit pour encercler les principaux États recycleurs de dollars : la Chine, le Japon, et les pays arabes de l'OPEP, producteurs de pétrole[1]. » Entre 2000 et 2008, les États-Unis ont reçu 5 700 milliards de dollars en provenance du reste du monde.

1. Michael Hudson, « Financing the Empire », *Counterpunch*, 30 mars 2009.

11

Au début de septembre 2007, Henry Paulson reçoit longuement à son domicile le président de Citigroup, Chuck Prince, accompagné de Robert Rubin, l'ancien ministre des Finances devenu président du conseil de surveillance de l'établissement. Les deux hommes sont porteurs à la fois de mauvaises nouvelles et d'un plan de sauvetage. Ce que Paulson redoutait est sur le point d'arriver : le système bancaire clandestin menace d'imploser, avec des conséquences extrêmement dommageables, tant auprès de l'opinion que du système financier classique.

Les sept fonds clandestins créés par Citigroup, qui avaient constitué au cours des années précédentes une part croissante des activités du géant bancaire, sont en difficulté. Les trois hommes sont enfin contraints de chercher une réponse à la question que tous les financiers évitent de se poser depuis plusieurs mois : quelle solution envisager en cas de crise ?

Beaucoup de foyers américains continuent de dormir tranquilles, persuadés que l'argent qu'ils ont placé chez Citigroup est toujours bien géré par la banque. En réalité, il a été transféré dans ces véhicules d'investissement, qui ne sont soumis à aucun règlement, n'offrent aucune garantie et dont les opérations, bien sûr, ne sont couvertes par aucun système d'assurance fédéral. Ils ignorent encore que leur argent est devenu aussi virtuel que les organismes dépourvus de toute existence légale auxquels il a été confié. Citigroup est peut-être « trop gros pour s'effondrer », selon la formule consacrée, mais ce n'est pas le cas pour son système clandestin. Ce qui arrive à Citigroup va rapidement gagner les autres établissements et les banquiers se retrouvent soudain pris à leur propre piège : ils ont élaboré un système fantôme, qu'aucune autorité de régulation n'est en mesure de sauver ou de renflouer puisqu'il n'existe pas. La fameuse notion de « prêteur en dernier ressort », qui désigne l'aide publique apportée à des firmes financières dont la survie et la taille sont vitales pour l'économie, ne peut s'appliquer dans ce cas. Le système clandestin affronte les mêmes problèmes existentiels que l'homme invisible.

La chute de Citigroup et l'effondrement des marchés

Officiellement, Paulson et son ministère ne peuvent rien faire pour le sauver. Officieusement, il va y consacrer toute son énergie, conscient que l'effondrement de ce système parallèle risque d'entraîner toutes les banques dans sa chute ; une réaction en chaîne, semblable à celle d'une expérience chimique mal maîtrisée.

Avec sa précision coutumière, Rubin expose le plan de sauvetage qu'il a imaginé et la condition qu'il pose : une étroite collaboration entre toutes les banques pour racheter une partie de leurs actifs détenus dans ces véhicules d'investissement, qui seront transférés dans un nouveau fonds, garanti et financé par tous les établissements bancaires. Un montage ingénieux, un véritable tour de prestidigitation qui fait brusquement apparaître, sur scène et aux yeux du public, une silhouette jusqu'ici inconnue.

Pour Rubin et Prince, ce plan constitue le seul moyen d'éviter un désastre inéluctable. Et ce dernier argument, après de nombreuses hésitations, emporte l'accord des autres banques. La situation ressemble à l'intrigue conçue par Agatha Christie dans *Dix Petits Nègres*. Aucun établissement n'a le moindre désir de voler au secours de Citigroup, mais chacun redoute d'être le prochain sur la liste des victimes.

Dans les jours qui suivent cette réunion, Paulson multiplie les rencontres à Washington avec les responsables de Bank of America, Lehman Brothers, Merrill Lynch, Goldman Sachs, Bear Stearns et, naturellement, Citigroup. Tous, mus par l'instinct de survie, finissent par se rallier à cette proposition qui est annoncée publiquement le 14 octobre par les dirigeants de Bank of America, Citigroup et JP Morgan.

Ce nouveau fonds va racheter 80 milliards de dollars d'actifs que les banques ont rapatriés de trente de leurs entités clandestines, qui détiennent 320 milliards. Vertueusement, Paulson oppose un démenti catégorique et mensonger quand on lui demande s'il s'agit d'un plan de sauvetage déguisé. Il s'agit bien du premier d'une longue série de plans de sauvetage, dont certains, menés avec discrétion, vont même échapper aux regards de tous les observateurs.

Il ne faudra que quelques jours pour que toute cette stratégie soit mise en échec. En deux temps. D'abord, le Dow Jones, l'indice boursier américain, bat un autre record à la baisse. Ensuite, le 31 octobre, une analyste presque inconnue, travaillant chez Oppenheimer Securities, Meredith Whitney, publie une étude qui va provoquer la chute de Citigroup et l'effondrement des marchés. Elle explique que les responsables de l'établissement ont mené une gestion si désastreuse qu'il ne leur reste plus qu'à choisir entre réduire drastiquement le montant des dividendes à distribuer ou se déclarer purement et simplement en faillite. Ce jugement déclenche une véritable panique qui va provoquer un krach. « À la fin de cette journée, estime Michael Lewis, une femme dont jusqu'ici personne n'avait entendu parler avait réduit de 369 milliards de dollars la valeur des firmes financières présentes sur le marché[1]. »

Citigroup, le second plus important diffuseur de CDO, a essuyé des pertes énormes au cours des six premiers mois de l'année 2007, mais tous les établissements sont également touchés et infectés. Plusieurs experts, face à la gravité de la situation, évaluent le montant total des pertes sur le seul marché des subprimes à 400 milliards de dollars. Bank of America, Bear Stearns, Citigroup, Lehman Brothers et Morgan Stanley annoncent qu'au cours des dix premiers mois de 2007, ils ont supprimé plus de 24 000 postes.

1. Michael Lewis, art. cité.

Chuck Prince, le patron de Citigroup, est écarté, tandis que John Thain, un ancien de Goldman Sachs, prend la tête de Merrill Lynch et dépense immédiatement 1 250 000 dollars pour faire redécorer son bureau dont 87 000 dollars pour l'achat d'un tapis, alors même que la firme qu'il est censé diriger essuie de lourdes pertes et que les charrettes de collaborateurs licenciés se multiplient. Quand Merrill Lynch sera racheté quelques mois plus tard par Bank of America grâce à l'argent levé par Paulson auprès des contribuables, Thain, à son départ, réclamera un parachute doré de 30 millions de dollars. Moins que Robert Steel, autre ancien de Goldman, devenu président de la banque Wachowia qu'il quittera en la laissant exsangue, au bord de la ruine, mais en s'attribuant pour lui-même et ses proches collaborateurs des indemnités de départ de 225 millions de dollars. Citigroup, elle, va bénéficier de la sollicitude constante de Paulson qui accorde sans conditions à cet établissement, dont la direction a fait des choix calamiteux, plus de 340 milliards de dollars en prêts et en garanties provenant des poches des contribuables.

« *Nous voulons emprunter 80 milliards de dollars pour vingt-quatre heures* »

En novembre 2007, une conférence réunissant de nombreux investisseurs se déroula à Orlando, en Floride. « L'ambiance, selon un des participants, ressemblait à celle d'un champ de bataille où chaque soldat guette anxieusement celui qui sera le prochain à s'effondrer. » Cette inquiétude ne concerne pas seulement les futurs licenciements mais aussi les établissements financiers les plus fragiles qui risquent de chuter. Un nom revient sur toutes les lèvres, et la soirée organisée, durant la conférence, par les dirigeants de cet établissement fut un baromètre qui confirma leurs pires craintes : Bear Stearns était désormais pestiférée. Dans une salle vide, sur fond de salsa, une dizaine de cadres de la banque, un verre de bière à la main, attendaient l'arrivée d'improbables invités.

Tenter de comprendre les raisons de la chute de Bear Stearns, c'est découvrir l'extraordinaire fragilité et dangerosité des mécanismes de fonctionnement du système financier. Les banques d'investissement n'avaient pas seulement tourné les lois en créant un système parallèle, elles s'arrogeaient le droit de faire reposer leur fonctionnement sur des méthodes qu'aucune activité humaine ne pouvait tolérer, en bénéficiant, encore une fois, de la plus totale impunité.

Le Repo Market constituait pour ces établissements le véritable « cœur du réacteur » : puissant et soustrait à tous les regards. L'ancien cadre dirigeant de Lehman Brothers que j'ai rencontré l'avait évoqué, mais en découvrant les détails de son fonctionnement, j'ai été stupéfait de l'ampleur des sommes en jeu et de l'absence totale de garde-fou. William D. Cohan, un ancien banquier de Wall Street, peut déclarer avec raison : « Le sale petit secret utilisé par les firmes d'investissement de Wall Street – Goldman Sachs, Morgan Stanley, Merrill Lynch, Lehman Brothers et Bear Stearns – était que chacune d'elles finançait ses activités de cette manière [grâce au Repo Market] à des degrés variés, et se retrouvait toujours à vingt-quatre heures d'une crise de financement. La clé de cette survie au jour le jour reposait sur l'habileté avec laquelle les dirigeants de Wall Street géraient la réputation de leur firme sur la place financière[1]. »

En l'occurrence, le soin extrême apporté à la forme garantit l'accès aux fonds… En découvrant le Repo Market, la puissance arrogante des banques d'investissement de Wall Street me semble soudain ramenée aux dimensions d'un village Potemkine : de superbes façades cachant le vide…

Tous ces établissements fonctionnent comme des banques mais n'en sont pas. Ils n'exercent aucune activité de dépôt et ne peuvent donc utiliser l'argent de leurs clients pour financer leurs opérations. Ils disposent de peu de capitaux et ne sont pas en mesure, en cas de crise, d'obtenir un emprunt auprès de la Fed. Alors, les cinq banques d'investissement de Wall Street se retrouvent chaque matin à la même heure autour du seul point d'eau disponible : le Repo Market. Les opérateurs de chaque banque empruntent pour vingt-quatre heures à 5 %, auprès d'autres investisseurs, des sommes dépassant fréquemment les 100 milliards de dollars. Des opérations rééditées quotidiennement à la même heure, les emprunts étant garantis par les actifs détenus par l'emprunteur. Les montants gigantesques négociés chaque jour ne font l'objet que de brefs échanges, quasiment surréalistes, entre les opérateurs qui tous se connaissent.

« Bonjour à tous, nous voulons emprunter 80 milliards de dollars pour vingt-quatre heures.

1. William D. Cohan, *House of Cards*, Doubleday, 2009.

Vous êtes d'accord. Bon, quel est le taux aujourd'hui ? Parfait. Formidable. Merci. Bonne journée et à demain ! »

Le Repo est un véritable « trou noir » dont les autorités de régulation feignent d'ignorer l'existence. Pourtant, cet immense système de cavalerie garantit à lui seul la survie au jour le jour de ces banques, jusqu'à l'apparition d'un problème où brusquement, selon la formule de William Cohan, « le financement s'évapore comme la pluie dans les sables du Sahara ».

C'est ce qui arriva à Bear Stearns. La firme dont le siège flambant neuf est installé au 383, Madison Avenue connaissait des difficultés croissantes en raison de son exposition élevée aux « dérivés » immobiliers à risque.

« Bear et Lehman, m'a affirmé un témoin, étaient surexposés sur le Repo Market et fournissaient en garantie des actifs qui, chaque jour, devenaient de plus en plus toxiques. Alors ils ont commencé, Bear le premier, à rencontrer des difficultés pour lever quotidiennement des fonds. » La défiance s'instaurait et Bear apparaissait désormais comme un partenaire à risque. Un indice ne trompait pas : le coût d'une assurance pour se garantir contre un défaut de paiement de Bear grimpait en flèche. En 2006, 100 000 dollars suffisaient pour garantir 10 millions de dollars de dérivés émis par Bear Stearns. Au début de l'année 2008 le montant était passé à 600 000 dollars pour atteindre un million de dollars en février 2008.

Une légende de Wall Street

L'accès quotidien au Repo Market servait à cacher la formidable imposture que représentait la gestion de ces firmes : fuite en avant, surendettement, politique de spéculation à outrance. Elles constituaient de véritables châteaux de cartes, ne créant aucune véritable richesse pour la société, sauf celles qu'elles cherchaient à s'accaparer.

Si Bear perdait cet accès au Repo, son espérance de vie était compromise. Dès le début de l'année 2008, le pronostic vital était engagé. Les rumeurs destinées à nuire, dans le monde financier, ont souvent pour objectif de tuer. Un homme au moins poursuivait ce but : Jamie Dimon, le patron de JP Morgan, devenu en quelques mois une des légendes de Wall Street. Né dans une famille grecque immigrée de Smyrne, Dimon est un homme pressé qui a grimpé en courant tous les échelons. Chez Citigroup, il a contribué à édifier cet empire bancaire, mais, en homme ambitieux et impatient, il voulait être à la tête de son propre empire. Il est l'illustration parfaite de la formule de Cecil Rhodes, l'homme d'affaires du xixe siècle, symbole de l'impérialisme britannique, qui affirmait : « Le capitalisme est avant tout une question d'appétit. Si je le pouvais, j'irais jusqu'au ciel décrocher les étoiles pour les manger. »

JP Morgan avait, au fil des ans, racheté la Chase Manhattan puis, en 2004, l'établissement de Chicago Banker One, dirigé par Dimon. Banker One disposait d'un formidable réseau à travers le Middle West et était considéré comme le plus important diffuseur, aux États-Unis, de cartes

Visa. Dimon prit rapidement la tête du nouvel ensemble, avec un salaire considérable et une prime annuelle, hors stock-options, de 20 millions de dollars. Bien qu'ayant quitté Chicago, il n'oubliait pas les nombreuses amitiés qu'il y avait nouées : il nomma peu après William Daley, le frère du maire de la ville et ancien ministre du Commerce de Clinton, vice-président de JP Morgan pour le Middle West ; il continua également de financer la carrière, qu'il jugeait prometteuse, de Barack Obama, élu depuis peu au Sénat.

Pendant des années, Morgan avait été le véritable incubateur concevant puis commercialisant les dérivés qui allaient saturer et infecter le monde financier et provoquer la crise actuelle. Le quinquagénaire pressé observait avec intérêt l'agonie de Bear Stearns, lesté par ses actifs toxiques et qui coulait peu à peu. Celui qui affirmait avec une pointe de provocation : « Le métier de banquier, c'est comme diriger un petit magasin de vente au détail, même ma grand-mère peut comprendre », convoitait ce rival qui pouvait lui permettre de renforcer ses positions dans les activités haut de gamme. Il occupait une position stratégique qui allait lui permettre d'arriver à ses fins : il siégeait au conseil de direction de la Fed de New York, aux côtés de son président Tim Geithner.

Le futur ministre des Finances de Barack Obama est, lui, un véritable héritier dont toute la carrière a été soigneusement balisée, à chaque étape, par son père, membre influent du CFR (Council of Foreign Relations) longtemps présidé par le Talleyrand du monde de la finance américain, Peter Peterson.

À quarante-quatre ans, le fils affichait déjà un palmarès étonnant : il avait travaillé pour trois présidents américains et cinq ministres des Finances, notamment Robert Rubin et Lawrence Summers dont il avait été l'adjoint. Quelques années plus tard, auprès d'Obama, il prendra les fonctions qui étaient celles de Rubin et Paulson et retrouvera Summers installé à la Maison Blanche. Décidément, le pouvoir financier se caractérise par une remarquable stabilité... et connivence.

Toutes les informations montrent que le sort de Bear fut scellé au cours d'entretiens entre Geithner et Dimon, et que cette opération fut approuvée par Paulson. Elles révèlent également que la candidature de Geithner à la tête du ministère des Finances fut suggérée par Summers et Dimon à Obama après que le président de JP Morgan eut refusé ce poste que lui proposait le nouveau président.

S'agissant d'une activité reposant sur la confiance, celle-ci s'était irrémédiablement évaporée envers Bear Stearns. Au début du mois de mars 2008, les traders de la firme qui opéraient sur le Repo Market commencèrent à dresser la liste, qui ne cessait de s'allonger, des partenaires qui désormais se dérobaient et refusaient de leur prêter. Chaque matin, ils « surempruntaient » aux créanciers encore disponibles, pour compenser les refus essuyés. Fidelity Investments, un fonds connu de placement installé à Boston, interrompit brusquement les prêts de 6 milliards de dollars renouvelés chaque vingt-quatre heures à Bear. Un autre fonds du même type, Federated Investors, basé à Pittsburgh, fournit un lundi 4,5 millions de dollars mais refusa ensuite de consentir d'autres prêts.

Le 11 mars, les mâchoires du piège commencèrent à se refermer sur Bear. Alors que ses dirigeants tentaient encore de rassurer les investisseurs, le service des dérivés de Goldman Sachs fit parvenir un mail aux fonds spéculatifs qui étaient ses clients, les prévenant d'une faillite prochaine de Bear et ajoutant que désormais elle ne négocierait plus pour eux le moindre accord portant sur des produits dérivés appartenant à cette firme. Elle venait de refuser à un fonds de Dallas de se substituer à Bear Stearns à hauteur de 5 milliards de dollars de dérivés. Le 6 mars 2008, un spéculateur resté inconnu avait parié à hauteur de 1,7 million de dollars que les actions de Bear Stearns s'effondreraient dramatiquement dans les neuf jours suivants. Il acheta 57 000 contrats à 30 dollars et 1 649 contrats à 25 dollars, en pariant que le prix de l'action chuterait de 50 %.

Il manque 20 milliards

La firme qui disposait encore de 17 milliards de dollars en cash n'avait plus dans ses caisses trois jours plus tard que 2 milliards. Elle possédait également 11,1 milliards de dollars en capital qui soutenaient 395 milliards de dollars d'actifs ; un effet de levier dont le ratio dépassait 35,1.

Sur le Repo Market, Bear essuya un refus pour un prêt de 2 milliards de dollars, ce qui ressemblait, selon Roddy Boyd, de *Fortune*, « à un pote qui vous refuse 5 dollars la veille du jour où vous devez toucher votre paie ».

Derrière l'avertissement adressé par Goldman, on pouvait voir la main de Paulson qui demeurait tout-puissant au sein de son ancienne firme. Autre indice intéressant, le fonds spéculatif Shaw avait retiré des caisses de Bear 5 milliards de dollars lui appartenant, scellant définitivement le sort de cet établissement créé quatre-vingt-cinq ans plus tôt. Shaw, qui avait longtemps spéculé sur les dérivés, était dirigé par Lawrence Summers, ami de Jamie Dimon, Tim Geithner et Henry Paulson, devenu le principal conseiller économique d'Obama.

L'après-midi du 11 mars, les opérateurs de Bear Stearns, qui négociaient chaque matin sur le Repo Market, acquirent la quasi-certitude qu'il manquerait le lendemain 20 milliards de dollars sur les 75 milliards que la firme levait quotidiennement pour assurer ses opérations. « Il ne nous restait plus, confia l'un d'entre eux, qu'une seule stratégie : l'espoir ; l'espoir que les choses n'allaient pas empirer. » Les négociations, menées le lendemain matin à 6 h 30, confirmèrent leur appréhension. Les prêteurs se dérobaient et Bear ne put boucler son financement. Un des témoins de cet échec déclara : « Le Repo Market était plongé dans un bain de sang. » Les investisseurs, alertés, se précipitaient pour retirer leurs actifs.

Alan Schwartz, le patron de Bear, rencontra Tim Geithner puis Jamie Dimon dans la soirée du 13 mars. Sur le point de signer l'acte de décès de Bear et son rattachement à son propre royaume désormais agrandi, le président de Morgan fut traversé d'une ultime crainte : que les comptes de Bear soient encore plus détériorés qu'il ne l'imaginait.

Dans la nuit, plus de vingt banquiers de chez JP Morgan, transformés en commandos, reçurent l'ordre de se rendre au siège de Bear Stearns et de passer au crible jusqu'au petit matin l'ensemble des bilans. Les deux établissements étaient proches l'un de l'autre. Le rapport rendu à Dimon à 7 heures du matin indiquait que Bear ne recelait pas d'autres mauvaises surprises mais qu'elle risquait à tout moment d'être en défaut de paiement, avec 240 milliards de dollars d'actifs toxiques.

À 5 heures du matin, Tim Geithner coordonna de son bureau une conférence téléphonique avec Ben Bernanke et Henry Paulson, tous deux à Washington. Ils mirent au point les détails du montage financier qui devait être présenté quatre heures plus tard. Le rachat par JP Morgan devait intervenir rapidement, car une faillite de Bear aurait provoqué l'abandon des 14 000 milliards de dollars de transactions qu'il détenait sur les dérivés, un chiffre supérieur au PIB américain.

À 9 heures du matin, Dimon, en présence de Geithner et de Schwartz, annonça que JP Morgan octroyait à Bear un prêt temporaire de 29 milliards de dollars qui le sauvait de la faillite. En détaillant l'accord, il était savoureux de constater que les 29 milliards de dollars provenaient de la Fed de New York qui les avait mis à la disposition de JP Morgan sans formuler la moindre condition, alors qu'elle avait peu auparavant refusé toute aide à Bear Stearns. Le 16 mars, JP Morgan proposa le rachat de Bear Stearns au prix de 2 dollars l'action, alors qu'elle valait 93 dollars un peu plus tôt.

Plusieurs observateurs, dont Simon Johnson, firent remarquer que cette vente constituait en réalité un véritable cadeau offert à JP Morgan et à son président, Jamie Dimon, par la Fed de New York et le ministère des Finances.

Le président d'UBS conseille Obama

Toutes les séquences de la crise prouvaient à quel point le capitalisme financier reposait avant tout sur la connivence et non sur les résultats ou le verdict des faits. Elles démontraient également la nature étrange et irrationnelle de l'aveuglement découlant de l'emballement financier. Dans les secteurs des biens et des services, les hausses constantes de prix conduisent souvent à une chute de la demande : au contraire, dans le secteur financier, la flambée des prix est perçue comme un phénomène sans limites et une incitation à acheter. La flambée du cours des actions attisait l'optimisme des hommes et les conduisait à investir toujours plus dans des produits dont ils ignoraient tout, y compris l'existence. La finance moderne, selon ses théoriciens, est supposée mesurer les risques, mais la conception des CDO révélait surtout un coefficient d'ignorance élevé envers les risques que ces produits faisaient encourir.

Ces risques, un homme ne les avait pas évalués à leur juste mesure et, aujourd'hui, l'empire financier qu'il dirigeait d'une poigne de fer vacillait. Le géant suisse UBS affrontait des pertes énormes et son président Marcus Ospel se trouvait le 8 mars à New York. Un déplacement effectué dans le plus grand secret. Marcus Ospel détestait quitter

Zurich, mais ce séjour aux États-Unis ressemblait pour lui à un véritable voyage à Canossa. Le président de la division américaine d'UBS, Robert Wolf, se rendit dans la suite occupée dans un palace par Ospel pour évoquer avec lui les chances de succès de sa mission. Le Suisse cherchait à négocier la vente rapide de la société financière Paine Webber acquise en 2000. Ospel était prêt, pour 9 milliards de dollars, à se séparer d'un des joyaux de sa couronne. Mais les prétendants, durement éprouvés par la rigueur des temps, étaient peu nombreux.

Encore une fois, Dimon se retrouvait au centre du jeu. JP Morgan semblait le seul établissement suffisamment solide pour effectuer un tel achat. Malheureusement pour lui, Ospel ignorait que Dimon se préparait à acquérir Bear Stearns. Ou plutôt, il n'avait pas voulu le croire quand Robert Wolf lui en avait parlé.

En tentant à tout prix de vendre 9 milliards de dollars un établissement acquis sept ans plus tôt pour 12 milliards, Ospel révélait l'ampleur de son désarroi et le formidable retournement de situation dont le géant bancaire suisse était victime. Pendant des années, l'établissement de Zurich avait connu une croissance à marche forcée et son développement impressionnant ressemblait à maints égards à celui de Citigroup; avec des méthodes et une absence de scrupules identiques, Marcus Ospel avait transformé en un temps record une banque commerciale prospère en une puissante banque privée aux méthodes pour le moins innovantes… UBS suscitait la défiance des autorités suisses, pourtant peu regardantes, mais l'engouement des clients.

En 2004, Ospel fit des choix qui allaient déstabiliser son établissement. UBS décida, comme ses pairs, de se développer sur le marché des crédits dérivés, de devenir un fabricant de CDO et un des principaux acteurs sur le marché de la sécurisation. Les pertes essuyées en ce début d'année 2008, à la suite de cette stratégie, classaient la banque suisse dans le peloton de tête des établissements à risques. Durant son bref séjour new-yorkais, Ospel ne se rendit pas une seule fois au siège d'UBS Amérique, un imposant building de verre et d'acier situé en plein cœur de Manhattan. Il ne voulait à aucun prix que le secret qui entourait son séjour fût éventé. Il s'en remettait totalement à Robert Wolf, le président de sa filiale américaine, et il avait raison. Wolf était un des personnages les plus en vue du monde financier américain, et il disposait d'un carnet d'adresses à faire pâlir d'envie. Il possédait autant d'entregent que de compétences, et celles-ci s'exerçaient sur des terrains qui n'étaient pas seulement ceux de la finance.

En mars 2008, alors que Marcus Ospel regagnait Zurich sans avoir réussi à vendre Paine Webber, Robert Wolf, après avoir soutenu Hillary Clinton dans la course à la présidence, venait de rejoindre l'équipe des conseillers d'Obama. Une équipe qui ne l'attendait pas mais où, grâce à Jamie Dimon, il réussit à se frayer un chemin jusqu'à devenir une des personnalités les plus écoutées du futur président. Ses conseils rythmaient la campagne du candidat démocrate et ses assistants confirmaient que, souvent, avant une réunion électorale ou en arrivant à l'hôtel, Obama s'isolait quelques minutes pour dialoguer au téléphone avec Wolf.

L'hôte actuel de la Maison Blanche ignorait certainement que, parmi les pratiques « innovantes » de la banque dirigée par Wolf, figuraient des techniques d'évasion fiscale vers les comptes suisses, pour plus de 57 000 clients fortunés d'UBS. En revanche, depuis son entrée en fonction, il sait tout du contentieux qui a opposé le fisc américain à la banque puis à la Confédération helvétique. Depuis le début de cette tension, les clients d'UBS ont retiré pour plus de 10 milliards de dollars de l'établissement. Au début du mois d'août 2009, un accord a enfin été conclu entre Washington et Berne. Il est tout à fait satisfaisant pour UBS, mais frustrant pour la morale : le secret sera maintenu sur l'identité des 57 000 clients qui, grâce à la banque de M. Wolf, savourent un secret certainement soigneusement mérité ; seuls quelques noms, ceux des plus gros fraudeurs, seront transmis aux autorités américaines. Barack Obama, qui avait tenu des propos extrêmement fermes à l'encontre des paradis fiscaux, revenait sur ses positions et transmettait cette fois un message extrêmement clair à tous ceux tentés de frauder le fisc : *Yes, You Can!*

12

Du 7 au 9 juillet 2008, un sommet du G8 se tient sur l'île d'Hokkaido au Japon. Le choix du lieu constituait une métaphore parfaite pour souligner à quel point les chefs d'État et de gouvernement présents semblaient coupés du monde extérieur et éloignés des réalités.

Le premier sommet réunissant les dirigeants des principales économies occidentales s'était déroulé en 1975 à Rambouillet. Et, depuis trente-trois ans, chaque G7, sans déroger une seule fois à la règle, accouchait d'un communiqué final d'une insignifiante banalité. Les responsables qui participaient à ces réunions changeaient au fil des ans mais le G7, devenu le G8, et aujourd'hui le G20, continuait de traverser les crises qui secouaient le monde avec la même gravité impuissante qui s'exprimait dans les propos tenus par ses participants.

Un ancien dirigeant qui avait participé à ces rencontres confiait : « On se serre la main, on échange des généralités puis on enchaîne les déjeuners et les dîners, avant la photo finale destinée à prouver que l'on s'est parlé et que donc tout va bien. »

Il arrive un moment où l'impuissance des institutions les condamne à disparaître. Le G8 n'est pas la SDN[1], mais s'il est un sommet où il affiche tous les signes de la mort clinique, ce fut bien celui d'Hokkaido. Les responsables politiques présents évoquèrent l'élargissement du G8 et le réchauffement climatique, mais pas un mot ne fut prononcé sur le krach financier planétaire qui semblait maintenant imminent. George W. Bush paraissait tout à fait détendu à la perspective de quitter bientôt la Maison Blanche, et aucun de ses collègues ne semblait désireux de ternir un tel bonheur en soulevant des problèmes déplacés.

L'Amérique était au cœur de la crise mais George W. Bush, lui, était depuis longtemps tenu à l'écart de la gestion de cette crise. Un proche de Paulson – Washington raffole de ces confidences qui fournissent de précieuses indications sur le fonctionnement du pouvoir – rapportait une anecdote cruelle : le président chinois, Hu Jintao, avait téléphoné deux mois auparavant à la Maison Blanche pour demander à Bush quelles mesures il comptait prendre en cas d'aggravation de la crise. Le président américain s'était révélé incapable de lui fournir une réponse cohérente. Il faisait penser désormais au fantôme d'Hamlet errant à travers les salles de son palais.

Renflouer Wall Street

À la mi-octobre 2008, la crise avait atteint un niveau d'amplitude sans équivalent jusqu'ici.

1. Société des Nations, préfigurant l'ONU, créée entre les deux guerres mondiales et frappée de paralysie.

Selon les estimations de *Bloomberg News*, la crise financière, doublée d'une crise de confiance, avait détruit 27 000 milliards de dollars sur l'ensemble des marchés financiers. En moins de douze mois, la capitalisation boursière au niveau planétaire était passée de 63 000 milliards de dollars à 36 000 milliards de dollars[1]. Ce gouffre immense non seulement engloutissait l'argent des spéculateurs mais ruinait ou appauvrissait durablement un grand nombre de gens modestes qui avaient vu s'évanouir leurs économies, leurs fonds de retraite et leurs projets de payer les frais d'université de leurs enfants.

Toutes ces franges de la population, sans prise aucune sur les événements, allaient payer le prix fort d'une part en ayant perdu leur argent mais, de surcroît, en étant ponctionnées par l'État pour renflouer Wall Street. Comme je l'ai déjà écrit, les seuls bénéficiaires de la crise allaient être ceux qui l'avaient provoquée.

Avant d'entrer dans les détails de la série de scandales qui ont ponctué cette période, je voudrais revenir quelques mois en arrière. En juillet 2008 justement : au moment où le sommet du G8 sombre dans le ridicule, le prix du baril de pétrole grimpe vers des sommets vertigineux et frôle les 150 dollars. Ayant, pendant des années, enquêté sur les manipulations qui entourent les activités pétrolières, je connais le poids croissant exercé par la spéculation. Sur les marchés à terme, j'ai observé que pour cinq cent soixante-dix contrats pétroliers négociés, un seul correspond à une véri-

---

1. Mark Gilbert, « Risks Drifts from Banks to Governments, to You, Me », *Bloomberg News*, 16 octobre 2008.

table cargaison, le reste n'est que de la spécula-tion. Mais c'est déjà de l'histoire ancienne.

Je suis à 20 kilomètres de Genève et, à travers la baie vitrée devant laquelle je suis assis, je découvre un jardin descendant en pente douce vers le lac Léman balayé par le vent et creusé par les vagues. L'homme assis en face de moi, Sheikh Yamani, fut pendant longtemps le tout-puissant ministre saou-dien du Pétrole. Le personnage n'a guère changé, malgré les années : des manières affables, un sou-rire empreint d'humour et une mémoire des évé-nements qui me révèle à quel point la spéculation s'est toujours logée au cœur de l'activité pétrolière. Comme un prolongement naturel.

Les banques manipulent les cours du pétrole

Ce que je n'ai pas encore deviné, tandis que je m'entretiens avec lui, c'est le rôle clé joué en 2008 par les firmes de Wall Street dans la manipulation du marché pétrolier et la flambée des cours.

À l'automne 2008, au moment où le prix du baril commence à décliner, les propos tenus par Michael Masters vont intéresser plusieurs membres du Congrès. L'homme est un *insider* qui connaît parfaitement les coulisses des marchés. Il gère un fonds et ses investissements dans les compagnies aériennes l'ont conduit à suivre de près les mouvements du négoce pétrolier. Les ministres de l'OPEP et les responsables des pays producteurs prétendent qu'il n'existe aucun pro-blème d'approvisionnement et que les variations élevées, à la hausse comme à la baisse, des cours du baril proviennent uniquement de la spéculation. Surtout à un moment où, en raison de la crise, la consommation mondiale diminue. L'analyse de Michael Masters rejoint la leur. Il explique que trois des plus importantes firmes financières de Wall Street sont à l'origine de cette escalade, manipulent les cours et tirent les prix à la hausse vers des niveaux sans précédent. Il ajoute que le déclin des prix observé ensuite à l'automne est le reflet de l'inquiétude de ces opérateurs face aux mesures de régulation qui pourraient être adoptées à Washington.

En suivant cette piste, on constate que le Goldman Sachs Commodities Index, qui traite les mouvements des prix de vingt matières premières, accorde depuis des années une place prépondérante au prix du pétrole, marché sur lequel Goldman est un acteur important. Goldman mais aussi Morgan Stanley, JP Morgan et Citigroup vont réussir, dès les premiers mois de l'année 2008, une manipulation parfaite en dupant une nouvelle fois tous les acteurs auxquels ils viennent de faire perdre des fortunes sur le marché des dérivés : les fonds de pension, investisseurs institutionnels, compagnies d'assurances ne pensent qu'à combler ces pertes. Les quatre établissements leur proposent d'investir, en réalité de spéculer, sur les marchés des matières premières et notamment celui du pétrole.

En mai 2008, le *New York Times* a publié les prévisions d'un analyste de Goldman Sachs qui ont fait grand bruit et prévoient que le cours du baril atteindra bientôt les 200 dollars[1]. Le décor est planté. Il est fascinant d'observer ces dizaines

1. Louise Story, « An Oracle Oil Predicts 200 dollars a Barrel Crude », *The New York Times*, 21 mai 2008.

de milliards, rescapés du naufrage des dérivés, qui vont s'investir sur ce nouveau marché avec le même enthousiasme.

Les hommes de Goldman, Morgan Stanley, JP Morgan et Citigroup ressemblent à des bergers bienveillants guidant des cohortes de croyants vers ce qu'ils espèrent être enfin la Terre promise. Matt Taibbi souligne qu'entre 2003 et 2008, les montants spéculatifs investis sur les marchés des matières premières sont passés de « 13 milliards de dollars à 317 milliards de dollars, une augmentation de 2 300 %. En 2008, un baril de pétrole est négocié 27 fois en moyenne, avant d'être livré puis consommé[1] ».

En manipulant les cours du pétrole et en les projetant vers des sommets que rien ne justifie, Goldman et ses pairs, ou plutôt les dirigeants de Goldman et leurs pairs, viennent de trouver une nouvelle source de profits rapides. Le prix du pétrole à la pompe ne cesse de flamber, mettant à genoux une économie déjà en difficulté, grevant les budgets des plus modestes déjà touchés par la crise financière ; mais les bonus prévus pour les dirigeants des quatre établissements sont estimés à plusieurs milliards de dollars.

Pendant six mois cruciaux, de mars à septembre 2008, quatre firmes financières n'ayant aucun compte à rendre à quiconque ont littéralement imposé leur loi et leur absence de scrupules à l'ensemble du monde. À la fin de l'été, selon Matt Taibbi, « les spéculateurs avaient acheté et empilé assez de contrats à terme pour remplir 1,1 milliard de barils de pétrole, ce qui signifiait que ces spécu-

1. Matt Taibbi, art. cité.

176

lateurs détenaient, sur le papier, plus de pétrole qu'il n'en existait en réalité, physiquement stocké dans tous les pays, stocks commerciaux et réserves stratégiques combinées [1] ».

Quand le marché se retourna, à l'automne 2008, le prix du brut glissant rapidement de 147 dollars aux environs de 33 dollars le baril, le terrain était jonché de cadavres. Goldman et ses pairs avaient anticipé le basculement en prenant cette fois des positions à la baisse qui, de nouveau, allaient générer pour eux de fructueux profits. Elles appliquaient à la perfection le principe : « Pour chaque perdant il existe toujours un gagnant. » Mais ces firmes abandonnaient impitoyablement leurs clients gravement touchés dont ils avaient utilisé l'argent. C'était notamment le cas des fonds de pension qui géraient les retraites de millions d'Américains et qui venaient une nouvelle fois de perdre des sommes colossales. Une situation tragique pour les adhérents et profondément embarrassante, même inavouable, pour ces gestionnaires de fonds.

Calpers, le plus gros d'entre eux, gérait les retraites des employés de l'État de Californie et avait placé, au moment de la chute des cours, plus de 1,5 milliard de dollars sur les marchés spéculatifs liés au pétrole.

Cette flambée du cours du brut mais aussi celle des produits alimentaires contribuèrent également à appauvrir encore davantage les plus démunis, ceux qui vivaient dans les pays en développement. Pour eux, le simple accès à la nourriture devenait désormais un luxe, presque inenvisageable.

1. *Ibid.*

Au moment où Goldman Sachs et ses partenaires se lançaient dans cette gigantesque spéculation sur le prix du pétrole, le ministère des Finances américain, et donc Henry Paulson, autorisait la Fed à fournir à ces mêmes établissements une aide d'urgence. La Fed présentait l'intérêt stratégique de n'avoir aucun compte à rendre devant le Congrès. Cette décision constituait une première dans l'histoire américaine. En effet, jusqu'ici, la Federal Reserve prêtait uniquement aux banques de dépôts. Pour la première fois, sans que les élus du peuple aient leur mot à dire, l'argent des contribuables américains volait au secours des opérations spéculatives malheureuses menées par les firmes d'investissement de Wall Street. Quand cette décision fut prise, en mars 2008, ces sociétés empruntèrent au cours des trois premiers jours une moyenne quotidienne supérieure à 31 milliards de dollars. Des prêts consentis pratiquement sans intérêts ni conditions. La décision prise par Paulson constituait un tournant d'une extrême gravité : désormais, Wall Street avait la garantie que l'argent public épongerait ses opérations les plus risquées et les plus douteuses.

Une rapacité et un mépris sans limites

Après la chute de Bear Stearns, l'ensemble de la communauté financière prédisait que Lehman Brothers serait le prochain domino à tomber. Tim Geithner, le président de la Fed de New York, avait réuni en mars autour d'un déjeuner les présidents de tous les grands établissements financiers. L'inamovible Robert Rubin était assis aux côtés de Jamie Dimon, de Morgan, Lloyd Blankfein, de Goldman Sachs, et Kenneth Griffin, président du puissant fonds spéculatif Citadel Investment Group, un milliardaire, ami intime de Barack Obama dont il finance les campagnes depuis ses débuts sur la scène politique.

Dans la salle Washington, où se déroulait le repas, une pièce sans fenêtre située au 13e étage de la Fed, Richard Fuld, le patron de Lehman Brothers, n'ignorait pas que toutes les pensées des autres convives convergeaient vers lui. La situation de son établissement, qui, pendant des années, s'était posé en rival direct de Goldman, se décomposait de semaine en semaine, trop exposé qu'il était à la crise des subprimes et trop dépendant du Repo Market. Richard Fuld incarnait de façon paroxystique tous les travers des dirigeants de Wall Street : une rapacité et un mépris des autres sans limites. Quand Lehman fut déclarée en faillite, on découvrit qu'il avait perçu, depuis 2000, 484,8 millions de dollars, ce qui souleva l'indignation dans l'opinion. Sommé de s'expliquer devant une commission du Congrès, il ne manifesta aucun regret, et justifia sans broncher ses émoluments. Il sortit, le visage toujours aussi dépourvu de chaleur et d'humanité, sous les insultes du public, entouré de pancartes brandies sur son passage par des manifestants et sur lesquelles étaient écrits : « Escroc » ou « Honte ».

« Nous aurions aimé vous aider »

D'avril à août, Fuld et son équipe tentèrent de trouver un sauveteur, en provenance d'un pays du

179

Golfe ou d'Asie. Mais échaudés par la participation, qui s'était révélée catastrophique, prise par l'émirat d'Abou Dhabi au sein de Citigroup, les investisseurs arabes se dérobaient. Le seul partenaire qui semblait intéressé, malgré l'état déplorable dans lequel se trouvait Lehman, était la Banque sud-coréenne de développement. Fuld considérait avec un mélange d'amertume et de dédain qu'il s'agissait d'un acteur de second plan représentant un petit pays en voie de développement.

En août, les Coréens proposèrent de racheter 25 % des actions de Lehman au prix de 22 dollars l'action ; mais ils exigeaient, avant de signer, que les multiples actifs toxiques détenus par Lehman soient transférés dans une nouvelle structure capitalisée séparément, ce qui limiterait les expositions aux risques. Fuld refusa, et ce fut la fin. L'action dévissa autour de zéro dollar. Au début du mois de septembre, Lehman avait connu en neuf mois une perte de 18 milliards de dollars. Ses dettes se chiffraient à plus de 600 milliards de dollars, et l'établissement possédait plus de 90 milliards d'actifs « toxiques » dont 57 milliards, montant provisoire, provenaient des subprimes.

Richard Fuld avait, en plus d'une gestion désastreuse, commis durant ce mois de crise une erreur psychologique impardonnable. Il s'entretenait souvent au téléphone avec Henry Paulson, et il avait retiré de ces conversations la certitude que le ministre des Finances, et la Fed, sauveraient Lehman. Il avait, par exemple, tenté de persuader Paulson et Bernanke d'autoriser Lehman à recueillir l'argent des déposants, comme les banques commerciales. Une telle mesure, estimait-il, restaurerait la confiance du marché dans les capacités de financement de Lehman. La Fed refusa mais, fort curieusement, accepta les requêtes identiques formulées peu après par Goldman Sachs et Morgan Stanley.

Quand la faillite de Lehman fut consommée, Paulson déclara à Fuld : « Nous aurions aimé vous aider mais malheureusement nous avions les mains liées. » Des propos absolument faux, empreints d'une profonde hypocrisie. Paulson aurait pu sauver Lehman, mais l'ancien président de Goldman Sachs avait pris encore une fois le pas sur le ministre des Finances et voyait dans les difficultés rencontrées par son rival une formidable opportunité pour l'effacer définitivement de la carte financière. Ce qui se produisit le 15 septembre 2008. Lehman Brothers, institution de Wall Street, cessa d'exister, dans la plus totale confusion. L'abandon de Lehman par Paulson surprit tous les acteurs financiers et déclencha une nouvelle panique. En effet, durant ces mois d'agonie, de nombreux fonds spéculatifs avaient racheté une partie de la dette de Lehman, convaincus que le gouvernement volerait à son secours. Ce qu'ils détenaient, brusquement, n'existait plus.

En se déclarant en faillite, Lehman laissait ses filiales étrangères à la dérive. Celle de Paris fut rachetée une livre symbolique par le banquier japonais Nomura. En France cette faillite aggravait la crise provoquée par les subprimes ; 60 millions de dollars perdus par la Banque Postale, près de 500 millions par le Crédit Mutuel.

4 milliards de dollars de bonus

En juillet 2008, Paulson agit pour sauver Merrill Lynch, lui aussi lourdement endetté, avec le même acharnement qu'il avait mis à couler Lehman Brothers. Il existait à ses yeux une différence de taille entre les deux dossiers : Lehman et Fuld étaient ses ennemis, John Thain, le patron de Merrill, était son protégé. Pendant vingt-six ans, cet homme de cinquante-trois ans, dont le visage est un étrange compromis entre Arnold Schwarzenegger et un expert-comptable, avait gravi tous les échelons de Goldman Sachs, jusqu'à parvenir à la direction. Adoubé par ses pairs, il occupa ensuite le poste prestigieux de directeur de la Bourse de New York.

Paulson, pour éviter les conséquences désastreuses d'une nouvelle faillite, poussait au rachat rapide de Merrill par Bank of America, la plus grande banque commerciale américaine avec Citigroup. Il avait même fixé le montant de la dot, 50 milliards de dollars pour épouser Merrill, et souhaitait que les bans soient publiés le plus vite possible. L'accord de principe fut conclu en septembre.

Au début du mois de décembre, Thain et le conseil de direction de Merrill fixèrent le montant des bonus à percevoir à près de 4 milliards de dollars. Selon un accord conclu avec Bank of America le 11 décembre, 70 % de ce montant seraient payés en liquide, la part restante sous forme d'actions devant être réglée en janvier 2009. Ce montant versé n'englobait pas l'indemnité réclamée ensuite par John Thain pour les mois passés à la tête de Merrill : 30 millions de dollars. Une somme qu'il réduisit à 10 millions puis qu'il finit par abandonner sous l'effet des protestations, quand le *Wall Street Journal* révéla ses prétentions. Son prédécesseur, Stanley O'Neal, écarté en 2007, était parti avec 162 millions de dollars d'indemnités, après avoir perçu des bonus annuels qui tournaient autour de 15 millions.

« *Hank, baissons d'un ton* »

La première décision prise par John Thain en 2007, lorsqu'il arriva à la tête de Merrill, fut comme on l'a vu de dépenser plus de 1,2 million de dollars pour refaire totalement la décoration de son bureau et des deux salles de conférences adjacentes. En décembre 2008, il prit une autre décision importante : celle d'avancer la date du versement des bonus. Ce choix découlait du constat horrifié que venait de faire Ken Lewis, le patron à poigne de Bank of America. Au cours des deux derniers mois, Merrill avait perdu 13,3 milliards de dollars avant impôts. Brusquement, à ses yeux, la mariée devenait beaucoup trop dispendieuse et nettement moins séduisante.

Le 17 décembre, il se rendit à Washington pour rencontrer Paulson et Ben Bernanke, avec l'intention de revenir sur l'accord. Il évoqua les pertes beaucoup plus importantes que prévu et la détérioration rapide des actifs détenus par Merrill. Il se heurta au refus catégorique de Paulson qui mania habilement le bâton et la carotte. Si Lewis revenait sur son engagement, lui dit-il, il allait affoler les marchés, déclencher une série de poursuites judiciaires contre Bank of America et ternir durablement la réputation de son établissement. Bernanke ajouta que dans une telle hypothèse, la Fed se montrerait à l'avenir beaucoup plus pointilleuse avant de lui fournir une aide. En revanche, ajouta Paulson, en cas d'accord, le gouvernement accorderait à Bank of America une aide sans conditions de 20 milliards de dollars pour permettre de régler le montant de la vente fixé à 50 milliards, plus une garantie de 118 milliards de dollars contre des pertes qui découleraient d'actifs toxiques. Lewis demanda à réfléchir.

Une autre rencontre entre les trois hommes eut lieu le 21 septembre. Paulson et Bernanke se montrèrent plus agressifs, selon les confidences faites par Lewis. Le ministre des Finances lui aurait dit : « Si vous n'acceptez pas la fusion, nous remplacerons le conseil d'administration et la direction de Bank of America. » Lewis aurait rétorqué à cette menace : « Hank [Henry Paulson], baissons d'un ton. » Bernanke et Paulson auraient également exigé du président de Bank of America, toujours d'après les confidences qu'il distilla ensuite [1], qu'il garde le secret sur le mauvais état des comptes de Merrill et qu'il n'en informe pas ses actionnaires. Paulson rétorqua que Lewis avait mal interprété ses remarques…

La fusion fut conclue au début du mois de janvier 2009. Le 16 janvier, Bank of America annonça que ses pertes nettes pour le quatrième trimestre 2008 se montaient à 1,79 milliard de dollars, contre 15,31 milliards pour Merrill Lynch.

L'arrogance est un facteur d'aveuglement. John Thain fut congédié alors qu'il demeurait persuadé

1. « Lewis Said to Testify That U.S. Urged Silence on Merrill Deal », *The New York Times*, 23 avril 2009.

qu'il allait remplacer Ken Lewis à la tête de ce nouveau mastodonte bancaire.

Grâce à Henry Paulson, le secteur financier découvrait les joies d'un socialisme idéal pour lui : l'État volait à son secours et mettait l'argent public à sa disposition, sans contrepartie. Le gouvernement devenait la solution et, ironiquement, cette situation contredisait la formule de Ronald Reagan, tant appréciée par les milieux d'affaires : « Le gouvernement n'est pas la solution aux problèmes. C'est le problème. »

« Pas une banque ne prêtera... »

Paradoxalement, l'influence politique des banques s'accroissait au fur et à mesure qu'elles accumulaient des pertes records. Leur pouvoir reposait avant tout sur la peur. L'ensemble des responsables politiques, aux États-Unis et à travers le monde, tremblait à l'idée d'un effondrement du système bancaire. Le secteur financier avait toujours fonctionné en imposant ses propres règles, et il était fermement décidé, malgré la crise, à ne pas en changer. Le commentaire le plus naïf, selon moi, formulé durant cette période, tient en ces quelques mots : « L'ampleur de la crise va contraindre les financiers à modifier leur comportement. » Entre septembre et décembre 2008, alors que les places boursières ne cessaient de chuter, les banques, tout aussi orientées à la baisse, demeuraient malgré tout les maîtres du jeu. Les propos d'un banquier dans le *New York Times*, qui refusait que son nom soit divulgué, reflétaient cette arrogance : « Ce que Paulson nous donne n'a aucune importance, pas une banque ne prêtera un cent jusqu'à ce que l'économie fonctionne à nouveau. » Cette intransigeance, indifférente aux difficultés économiques et sociales, conduisait à une impasse dont Simon Johnson soulignait l'ampleur : « L'économie ne pourra se rétablir tant que les banques n'auront pas retrouvé la santé et la volonté de prêter[1]. »

Les pouvoirs politiques semblaient prêts à consentir toutes les concessions qu'elles réclamaient. À Washington, la classe politique, exécutif et législatif confondus, semblait frappée de stupeur et d'effroi, à l'exception d'Henry Paulson, conscient des formidables opportunités qui s'offraient au secteur bancaire dont il défendait si efficacement les intérêts.

« *Pile nous gagnons, face vous perdez* »

Le plan Paulson, présenté le 18 septembre 2008 devant le Congrès, se résumait en tout et pour tout à deux pages et demie, ce qui révélait la profonde « estime » dans laquelle le ministre des Finances semblait tenir le pouvoir législatif américain. Rédigé en termes vagues, ce plan prévoyait l'octroi de 700 milliards de dollars pour acheter les actifs toxiques détenus par les banques, sans que soient évoqués les problèmes juridiques liés à ces rachats.

Le plan Paulson poursuivait deux objectifs prioritaires : sauvegarder les intérêts des sociétés financières et « surpayer » aux banques, grâce à l'argent public, le rachat de ces actifs toxiques.

1. Simon Johnson, art. cité.

Une caricature, publiée dans un journal américain, illustrait ce marché de dupes. Elle montrait Paulson faisant sauter une pièce de monnaie en l'air en déclarant : « Pile nous gagnons, face vous perdez. » À travers son plan, il privatisait la gestion de la crise et retirait toute prérogative au ministère des Finances. Neel Kashkari, un de ses collaborateurs chez Goldman, se retrouvait à gérer les 700 milliards du plan de sauvetage, baptisé TARP (Trouble Asset Relief Program). À charge pour lui de faire les bons choix, c'est-à-dire d'aider en priorité des firmes amies comme JP Morgan ou Goldman qui n'étaient pas, de loin, celles qui en avaient le plus besoin.

Le plan prévoyait également le recours à des sociétés privées de gestion pour sélectionner et vendre ces actifs toxiques. Les sociétés choisies recevraient en honoraires une partie des 250 milliards de dollars alloués au ministère par le Congrès, et correspondant à la première phase du plan de sauvetage. Cette méthode profondément pernicieuse suscitait d'importants conflits d'intérêts puisque les gérants de fonds choisis devaient défendre simultanément les intérêts de leurs propres clients, qui les rétribuaient très généreusement, et ceux du contribuable. Deux approches totalement antagonistes.

La méthode proposée encourageait également la pire des spéculations. Ces sociétés favoriseraient sans aucun doute leurs clients et comme bon nombre de créances pourries n'avaient plus aucun prix sur le marché, elles pouvaient manipuler ces prix à la hausse ou à la baisse. Elles étaient en mesure, et c'était là un autre danger, de pousser le gouvernement à acheter des actifs toxiques aux prix totalement irréalistes fixés par les banques, et donc de les payer trop cher avec l'argent du contribuable transformé en vache à lait et, selon la fameuse formule, en « prêteur en dernier ressort ».

Le plan Paulson semblait d'abord vouloir renflouer ceux qui étaient les moins nécessiteux et les moins méritants. Goldman Sachs, virtuose de la spéculation, s'était vu octroyer officiellement 10 milliards de dollars, plus des milliards supplémentaires qui transitèrent par des circuits clandestins que nous évoquerons plus loin.

13

En septembre 2008 toujours, des débats passionnés se déroulèrent au sein du Congrès sur la validité et l'efficacité du plan Paulson. Mais le proverbe affirmant que « le diable se loge dans les détails » était en l'occurrence parfaitement fondé. Surtout lorsque ces détails sont soigneusement dissimulés. Les controverses et les discussions autour du plan de sauvetage détournèrent opportunément l'attention de la petite note en cinq points que Paulson fit publier au même moment. Cette note, en apparence anodine, modifiait la section 382 du code des impôts et accordait aux banques un incroyable cadeau fiscal.

140 milliards de dollars de cadeau fiscal

Cette section 382 avait été créée en 1986 par le Congrès pour mettre un terme à des abus : les compagnies pouvaient soustraire leurs profits à l'impôt en acquérant des sociétés qui n'étaient que de simples coquilles dont la seule valeur reposait sur les pertes inscrites dans leurs comptes. Ces pertes étaient ensuite déduites des bénéfices réalisés par la compagnie propriétaire et lui évitaient souvent de payer tout impôt. La section 382 faisait l'objet depuis des années d'un véritable affrontement idéologique entre conservateurs et libéraux.

Le texte inspiré par Paulson permettait aux banques qui fusionnaient d'économiser des dizaines de milliards de dollars d'impôts. Le rachat de Merrill par Bank of America se profilait, et celui de Wachowia par Citigroup venait d'être conclu. La firme juridique Jones Day chiffrait le coût de cette mesure, imposée subrepticement, à plus de 140 milliards de dollars pour les contribuables[1].

« Le ministère des Finances avait-il autorité pour agir ainsi ? Je pense que pratiquement chaque expert fiscal vous répondra que non », déclara George K. Yun, ancien responsable du comité conjoint du Congrès sur l'imposition, dont les propos exprimaient l'amertume. « Ils ont abrogé une loi vieille de vingt-deux ans uniquement dans le but d'aider les banques[2]. »

Goldman Sachs et Morgan Stanley obtinrent, à la même époque, l'autorisation d'abandonner leur statut de banques d'investissement pour devenir des Bank Holding Company. Une conversion qui leur garantissait l'accès aux fonds publics. De surcroît, Goldman et Morgan passaient sous le contrôle direct de la Fed de New York dont le président, après la nomination de Tim Geithner comme ministre des Finances de Barack Obama, était Stephen Friedman, un ancien coprésident de

1. « A Quiet Windfall For US Banks », *The Washington Post*, 10 novembre 2008.
2. *Ibid.*

Goldman Sachs. Friedman, pendant un moment, dirigea la Fed tout en continuant de siéger au conseil de direction de Goldman, ce qui révélait un formidable mépris des règles édictées mais surtout les liens fusionnels existant entre deux mondes théoriquement indépendants.

À la fin de l'année 2008, neuf établissements d'un secteur financier pourtant totalement sinistré se partageaient 33 milliards de dollars de bonus dont la quasi-totalité provenait des 125 milliards de dollars qu'elles avaient reçus au titre des plans de sauvetage financés par l'argent des contribuables américains[1].

2 000 milliards de dollars de prêts secrets

Le 6 novembre 2008, un examen attentif des comptes de la Fed révélait que la Banque centrale américaine avait consenti aux établissements financiers onze « prêts d'urgence » qui atteignaient le total vertigineux de 2 000 milliards de dollars. Des prêts qui s'ajoutaient aux 700 milliards de dollars du plan Paulson. Aucune précision supplémentaire ne permettait de connaître les noms des bénéficiaires et la répartition des sommes.

Le 7 novembre, l'agence de presse économique *Bloomberg News* engagea une action contre la Fed devant un tribunal fédéral. Elle invoquait le Freedom Information Act qui oblige les agences fédérales à rendre publics des documents gouver-

---

1. Suzanne Craig et Deborah Solomon, « Bank Bonus Tab : 33 Billions », *The Wall Street Journal Online*, 3 juillet 2009.

nementaux. Cette procédure se présentait sous l'appellation : « Bloomberg Lp contre le bureau du gouverneur du Federal Reserve System. US District Court, Southern District of New York, Manhattan ».

Bloomberg cherchait à obtenir l'identité des sociétés qui avaient bénéficié de cet argent et estimait que le secret qui entourait l'octroi de ces prêts constituait une violation de la loi. La Fed répondit un mois plus tard, le 8 décembre, en opposant un refus catégorique à toute divulgation. Elle affirmait qu'elle n'était autorisée à révéler ni le contenu de mémos échangés en interne ni des informations concernant des secrets commerciaux. Elle ajoutait dans sa réponse que les « États-Unis affrontaient une crise sans précédent et qu'une perte de confiance dans et entre les institutions financières pouvait surgir et se propager à la vitesse de la lumière avec des effets dévastateurs [1] ».

Le Congrès ne disposait d'aucun droit de regard sur la politique menée par la Fed mais aucune voix ne s'éleva au Sénat, ni à la Chambre des représentants, pour mettre en cause ces versements occultes de 2 000 milliards de dollars ou le cadeau fiscal de 140 milliards.

Découvrir et révéler la vérité devenait brusquement le plus grand des dangers. Un risque qui pouvait susciter l'affolement sur les marchés ou compromettre de fructueuses fusions entre banques. Un collaborateur du Congrès cité par Naomi Klein et qui réclamait l'anonymat reflétait cet état d'esprit : « Aucun de nous ne veut être critiqué

1. Mark Pittman, « Fed Refuses to Disclose Recipients of $ 2 trillions », *Bloomberg News*, 12 décembre 2008.

pour avoir ruiné ces fusions et déclenché une nouvelle Grande Dépression[1]. »

AIG ne peut pas perdre un dollar

Dans le texte lapidaire qui exposait son plan de sauvetage, Paulson spécifiait que l'ensemble de ses actes, comme tous ceux de ses subordonnés et collaborateurs extérieurs venus de Goldman Sachs, ne pourraient être contestés légalement ni faire l'objet d'actions en justice. Une exigence qui avait suscité l'indignation de plusieurs membres du Congrès, mais une précaution qui n'était pas dénuée de fondement.

Le 16 septembre, au lendemain de la disparition de Lehman Brothers, AIG, le premier assureur mondial, affronte une crise de liquidités. Paulson réagit immédiatement et demande à la Fed d'injecter 85 milliards de dollars dans les comptes de l'assureur. Le premier d'une série de quatre versements qui atteindront au total plus de 180 milliards de dollars. Pour la première fois de son histoire, la Fed renfloue une non-banque. Le risque cette fois est immédiatement « systémique », c'est-à-dire planétaire, et les dirigeants d'AIG ne se privent pas de souligner à quel point l'effondrement de leur groupe provoquerait immédiatement une réaction en chaîne. Rien qu'aux États-Unis, AIG assure 180 000 entités, des hôpitaux, des usines, des fermes, en passant par des laboratoires, etc., qui emploient au total 106 millions de personnes. La majorité des grands projets d'infrastructure sont

1. Naomi Klein, « In Praise of a Rocky Transition », *The Nation*, 13 novembre 2008.

assurés par ses soins. Quatre-vingt-un millions de personnes à travers le monde détiennent des assurances vie émises par AIG, pour un montant total de 200 milliards de dollars. Sur le seul territoire américain, AIG a émis 375 millions de polices pour une valeur totale de 19 000 milliards de dollars. AIG était jusqu'ici un gage de confiance, une garantie de stabilité qui peut rapidement être remise en question.

À la fin de l'année 2008, le groupe d'assurances a perdu pratiquement 100 milliards de dollars, beaucoup plus que tous les établissements bancaires. La raison ? AIG s'est comporté comme un assureur qui n'assume pas ses responsabilités, à travers les agissements de sa filiale créée à Londres en 1987, AIG Financial Products. Cette structure conçue comme un *hedge fund* échappe à tous les contrôles pesant sur une compagnie d'assurances classique et spécule massivement sur les dérivés, notamment les CDO, en utilisant comme argument de vente et garantie la note AAA attribuée à la dette de sa maison mère.

En 2007, Joseph Cassano, le fondateur et président d'AIG Products, affirmait : « Je ne peux pas imaginer une situation dans laquelle AIG pourrait perdre un dollar dans ces transactions. » Comme l'écrivit Bill Saporito : « Il avait raison. Il n'a pas perdu un dollar mais des milliards de dollars[1]. » Cassano a édifié une structure qui détient en portefeuille 2 700 milliards de dollars en dérivés. En réalité, elle serait incapable de couvrir les importants défauts de paiement pour lesquels elle s'est

---

1. Bill Saporito, « The Bailout Bomb », *Time Magazine*, 30 mars 2009.

engagée. Cassano et ses collaborateurs ne trichent pas réellement, ils abusent seulement de la confiance de leurs clients et tirent parti d'un vide juridique. Ils empochent l'argent des contrats mais ne provisionnent pas la couverture du risque.

Après 2005, Cassano double le nombre de crédits dérivés qu'il propose sur les marchés ; des dérivés qui reposent cette fois sur les douteux subprimes. Quand la crise éclate, la filiale d'AIG, devenue insolvable, est évidemment incapable d'honorer ses engagements sur la multitude de contrats qu'elle a souscrits. Elle a perdu, sur les quatre derniers mois de 2008, 25 milliards de dollars. En huit ans, Cassano, lui, a gagné plus de 280 millions de dollars et vit dans un hôtel particulier de trois étages du quartier de Knightsbridge.

Si on compare l'histoire d'AIG à un tableau, la scène que je viens de décrire se situe au premier plan. Elle attire le regard, fixe l'attention mais ne confère pas tout son sens à la toile. Il faut s'en détacher pour examiner des détails moins visibles mais tout aussi révélateurs, situés à l'arrière-plan et plongés dans une semi pénombre.

Deuxième niveau : en février 2009, AIG Financial Products engage des poursuites contre l'État américain pour réclamer un remboursement d'impôts alors que ce même État a injecté 180 milliards de dollars pour renflouer le groupe.

Les informations dont je prends connaissance à Washington révèlent que le plan de sauvetage d'AIG est un trompe-l'œil. Une partie de ces sommes a transité par AIG pour être reversée discrètement à plusieurs établissements bancaires. Encore une fois, Goldman Sachs, la banque de

Paulson, se trouve en tête de liste avec 13 milliards de dollars perçus à titre d'indemnisation pour les contrats dérivés contractés. Les autres bénéficiaires sont UBS, BNP Paribas et le Crédit agricole qui reçoivent ainsi des fonds publics américains. Au total, ce sont 52 milliards de dollars provenant du plan de sauvetage qui seront reversés, *via* AIG, à des banques américaines et étrangères.

Troisième niveau : AIG et sa filiale londonienne ont élaboré des montages fiscaux complexes qui ont permis à plusieurs banques, dont Bank of America, Bank of Ireland et le Crédit agricole, de payer moins d'impôts. Selon les services fiscaux américains, AIG a effectué dans les années quatre-vingt-dix un montage qui a permis au Crédit agricole une économie d'impôts dont le montant n'est pas divulgué. Ces opérations prenaient plusieurs formes dont l'une consistait à utiliser une filiale offshore d'AIG, qui empruntait l'argent d'une banque étrangère. En 2008, Caylon, la banque d'affaires rachetée à New York par le Crédit agricole, a perçu 3,3 milliards de dollars financés par un des plans de renflouement d'AIG.

John Tilak, de l'agence Reuters, précise le 24 mars 2009 que dans le procès qu'il intente à l'État fédéral, AIG souligne que les services fiscaux lui ont reproché de ne pas avoir montré que ces opérations « étaient suffisamment fondées d'un point de vue économique » pour justifier des avantages fiscaux.

Les économies d'impôts du Crédit agricole

Le dernier niveau, lui, est encore plus déroutant. Les services américains s'efforcent d'en retracer les mécanismes et plusieurs documents sont publiés par le *Wall Street Journal*[1]. Plusieurs banques, dont Goldman Sachs et Deutsche Bank, ont vendu à des fonds spéculatifs des CDS (Credit Default Swaps), des dérivés représentant des contrats d'assurance, garantis par AIG.

Ces fonds ont, en fait, joué l'effondrement du marché immobilier, en prenant des positions qui aggravaient la situation dans ce secteur pour faire jouer ces « dérivés assurance ». Encore une fois, une crise, celle des subprimes, était amplifiée par la spéculation. À l'heure des comptes, on estimait que sur le total des sommes injectées pour « renflouer » AIG, 52 milliards visaient à éponger les pertes essuyées sur le marché immobilier. L'identité des fonds spéculatifs qui, après avoir déclenché ou aggravé la crise, ont bénéficié de cet argent, est une question qui demeure pour l'instant sans réponse.

Martin Weiss, un consultant en investissement, estime qu'AIG Financial Products était lourdement engagé dans « le business de la spéculation et ce sont des dettes de jeu que les contribuables américains doivent désormais éponger[2] ».

Je demeure convaincu que le secteur financier touché par cette crise, passé le premier moment

1. Serena NG, « Hedge Fund May Get AIG Cash », *The Wall Street Journal Online*, 18 mars 2009.
2. *Ibid*.

d'inquiétude, n'a jamais été aux abois, ce que confirment les propos de l'ancien économiste en chef du FMI, Simon Johnson. Il évoque la reconstitution d'une véritable oligarchie financière aux États-Unis et cite les propos de l'ancien ministre des Finances russe, Boris Fyodorov, qui depuis vingt ans « lutte contre les oligarques, la corruption et les abus d'autorité sous toutes leurs formes [...]. Il aimait à dire que la confusion et le chaos favorisent les intérêts des plus puissants qui peuvent agir, légalement et illégalement, en toute impunité[1] ».

C'est exactement ce qui venait de se dérouler avec la crise de 2008 : les établissements financiers ont tous été confortablement recapitalisés, sans avoir, pour la plupart, à payer le moindre intérêt ou fournir une quelconque contrepartie. Cet argent public, versé sans contrôle ni conditions, leur permet de renouer avec les bonus confortables et les activités spéculatives. La crise a également permis à l'industrie financière de s'octroyer de nouveaux privilèges fiscaux et de faire disparaître définitivement d'ultimes verrous juridiques entravant leur fonctionnement.

Pendant des décennies, la vie publique américaine avait été rythmée par des débats sur la nécessité de combattre les monopoles industriels. Les lois adoptées se révélaient en général rapidement inopérantes, ces monopoles témoignant d'une grande habileté à les contourner. Lorsqu'en 1911 la Cour suprême ordonne de démembrer la Standard Oil, la société de John Rockefeller qui occupe une position dominante dans le secteur

1. Simon Johnson, art. cité.

pétrolier, celui-ci scinde son groupe en sept sociétés distinctes. Théoriquement concurrentes, ces dernières vont continuer d'être liées entre elles par des accords de production, de raffinage, et leurs états-majors s'entendent secrètement pour fixer les prix. Le pétrole et l'acier constituent des secteurs aux monopoles aisément identifiables. Rien de tel avec la finance.

Un mal incontournable

L'essentiel de son activité échappe aux regards et aux contrôles, et personne n'est en mesure d'affirmer que le poids et la taille d'une banque lui permettent de peser sur les prix. Leur force repose à la fois sur les ententes implicites qu'elles négocient entre elles, en coulisse, et surtout sur le fait qu'elles constituent une menace incontournable. Leur chute, à la différence d'un secteur comme l'automobile, peut provoquer l'effondrement de l'économie.

Le krach de 2008 a constitué une piqûre de rappel salutaire ; un message subliminal empreint de menace adressé aux responsables politiques et à l'opinion : « Oui, c'est vrai, nos excès scandaleux ont conduit à la crise, mais nous sommes un mal incontournable ; alors n'essayez surtout pas de nous entraver. »

« L'attitude de Paulson, m'a confié un membre de la SEC (Commission des opérations de Bourse) rencontré à Washington, est sans précédent. Je n'ai jamais vu un ministre des Finances aussi dépourvu de scrupules. Son comportement a souvent été moralement indéfendable mais, en même temps, quel grand ministre il a été pour l'industrie financière[1]. »

En janvier 2009, au moment de quitter la scène politique, Paulson pouvait se montrer rassuré : l'influence de Wall Street demeurait intacte au sein de la nouvelle administration, et les hommes choisis par Barack Obama pour l'épauler dans les domaines économique et financier étaient les symboles de la continuité : Tim Geithner, ancien patron de la Fed de New York, associé à Paulson dans la gestion de la crise, et Lawrence Summers, ancien ministre des Finances de Bill Clinton, consultant chez Goldman Sachs, qui dirigeait jusqu'à l'élection présidentielle de novembre le puissant fonds spéculatif Shaw. Les deux hommes sont partenaires au tennis.

1. Entretien avec l'auteur, avril 2009.

14

L'élection de Barack Obama, le 4 novembre 2008, provoqua un immense soulagement. La page des « années de plomb » de l'administration Bush était enfin tournée et le nouveau président suscitait une formidable attente, à travers le pays et au-delà des frontières. Dans les semaines qui suivirent son élection, des rumeurs circulèrent comme toujours à Washington, propageant les noms de ceux qui allaient peut-être composer la nouvelle administration. La rupture était attendue mais, dans le domaine financier, elle semblait ne pas devoir avoir lieu.

Wall Street, peu après l'élection, exprime ses préférences à travers les confidences faites à un certain nombre de journalistes. L'éditorialiste Stuart Varney explique sur Fox News, la chaîne conservatrice qui a apporté un soutien indéfectible à la politique de Bush, que le choix de Lawrence Summers « donnerait une grande confiance au marché ».

Sur les antennes de son concurrent MSNBC, Joe Scarborough affirme que Summers est l'homme que « Wall Street préférait ». Et il sera nommé par

Barack Obama au poste clé de chef du Conseil économique de la Maison Blanche. Summers possède une longue habitude des allées du pouvoir. Grâce à lui, l'amendement Glass Steagall qui encadrait les banques a disparu du paysage politique. C'est un homme de petite taille au physique enveloppé et au regard glacial, réputé pour ses colères et son ton méprisant. Selon Joseph Stiglitz, « il ignore les arguments qui lui déplaisent ». Ministre des Finances de Bill Clinton, il devint ensuite président de l'université de Harvard, poste qu'il dut quitter à la suite de propos sexistes : il avait déclaré que les femmes manquaient d'aptitudes intellectuelles pour les mathématiques et les sciences.

Déplacer les industries sales vers les pays pauvres

Il accepta ensuite un poste à la direction du fonds spéculatif géant Shaw qui gère 30 milliards de dollars et surfa avec bonheur sur la crise financière. Shaw annonça en octobre 2008, au moment où les marchés s'effondraient, des revenus supérieurs de 7 milliards de dollars par rapport à l'année précédente, c'est-à-dire une augmentation de 22 %. De l'avis de tous les observateurs, ce succès portait la signature de Summers ; sa chance – ou sa virtuosité – reposait avant tout sur un formidable réseau de relations, qui lui permettait d'avoir accès aux informations les plus confidentielles, au plus haut niveau du pouvoir. Il était l'ami de Paulson, qui lui avait demandé de siéger également comme conseiller à la direction de Goldman, et le président de la Fed de New York, Tim Geithner, avait travaillé sous ses ordres durant les années Clinton.

Le fonds Shaw prospérait grâce à Summers qui était toujours en mesure de jouer un coup d'avance et gagna, en 2008, 5,2 millions de dollars.

Summers est un véritable apôtre de la dérégulation et un défenseur des causes ultralibérales. Alors qu'il était économiste en chef à la Banque mondiale, il rédigea, en 1991, une note de service, dont il n'a jamais désavoué la teneur, où il suggérait de transférer les déchets toxiques dans les pays en développement.

« Juste entre vous et moi, écrivait-il, la Banque mondiale ne devrait-elle pas encourager davantage la migration des industries sales vers les pays les moins développés ? Je pense à trois raisons.

« 1. La mesure du coût de la pollution altérant la santé dépend des gains prévus de l'augmentation de la morbidité et de la mortalité… De ce point de vue, une quantité donnée de pollution affectant la santé doit être faite dans les pays ayant les coûts les plus faibles, qui seront les pays dont les salaires sont les plus bas. Je pense que la logique économique derrière le déchargement des déchets toxiques dans les pays aux salaires les plus bas est irréprochable et nous devons la regarder en face.

« 2. Le coût de la pollution est susceptible d'être non linéaire car l'augmentation initiale de pollution a sans doute un coût très bas. J'ai toujours pensé que les pays sous-peuplés d'Afrique sont infiniment peu pollués, la qualité de leur air est sans doute considérablement peu rentable par rapport à Los Angeles ou Mexico. Ce qui empêche l'amélioration du bien-être mondial du commerce de la pollution de l'air et des déchets, c'est le fait déplorable que tant de pollution soit produite par des industries non négociables (transport, production d'électricité) et que le coût unitaire du transport des déchets solides soit si élevé.

« 3. La demande d'un environnement propre pour des raisons esthétiques et de santé est susceptible d'avoir une très grande élasticité de revenus (la demande augmente avec le niveau de revenu). L'inquiétude à propos d'un agent ayant une chance sur un million de provoquer le cancer de la prostate est de toute évidence beaucoup plus élevée dans un pays où les gens survivent au cancer de la prostate que dans un pays où le taux de mortalité des moins de cinq ans est de 20 %... »

[*Banque mondiale, 12 décembre 1991. Pour distribution : de Lawrence H. Summers. Objet : GEP (Good Environmental Practices)*[1].]

Un pyromane reconverti en pompier

Je me demande si Barack Obama est au courant de l'existence de cette note. En accédant au pouvoir, il a fait le choix du réalisme. Il hérite d'une crise si grave qu'elle exige des hommes qui en connaissent chaque rouage. Summers est un des rares à remplir ces conditions, même s'il fait penser à un pyromane brusquement reconverti en pompier.

La campagne menée par Barack Obama avait été l'occasion pour un certain nombre de prétendants au poste de ministre des Finances de sortir de l'ombre. Et certains justement ressemblaient à des ombres rôdant autour de leur splen-

1. « Toxic Memo », *Harvard Magazine*, mai-juin 2001.

deur passée. C'était le cas de Robert Rubin, soixante-dix ans, dont la présence et les propos braquèrent les syndicats et l'électorat ouvrier.

Le futur président proposa d'abord le poste à Jamie Dimon, le président de JP Morgan. Un choix surprenant et contestable. À Wall Street, il était déjà devenu une légende mais, justement pour cette raison, sa nomination aurait revêtu, dans l'opinion, une dimension symbolique extrêmement négative. Le choix de Geithner fut conseillé à Obama par Summers, Dimon, et le très influent Peter Peterson. Une candidature d'autant plus acceptable qu'il semblait qu'un grand nombre de bons génies aux pouvoirs puissants veillaient depuis toujours sur cet homme de quarante-sept ans à l'allure frêle. S'il existe aux États-Unis un conclave qui adoube les hommes qui deviendront les cardinaux de l'économie et de la finance, c'est bien le CFR. Le cœur des affaires et celui de la politique battent au même rythme au sein de cette vénérable institution. Tous les hommes qui comptent en font partie. Notamment Peter Geithner, le père de Tim.

Grâce aux relations paternelles, Geithner commença sa carrière au sein du cabinet de conseil créé par l'ancien secrétaire d'État Henry Kissinger. Il pénétrait dans l'antre du pouvoir. L'associé de Kissinger n'était autre que Peter Peterson, qui contrôlait également le groupe d'investissement Blackstone. Au début des années quatre-vingt-dix, Kissinger conseillait des sociétés comme JP Morgan, American Express, et siégeait au conseil de direction d'AIG. Mais ses ambitions le poussaient à se tourner de plus en plus vers la Chine, lui qui avait œuvré au rétablissement des

205

relations diplomatiques avec Pékin, en 1972, à l'époque de Nixon. Un projet qu'il caressait avec son vieux complice Peterson.

Ils manifestaient envers les débouchés offerts par le marché chinois le même enthousiasme que celui qui les avait animés, trente ans plus tôt, à l'égard de l'Union soviétique, alors qu'ils appartenaient tous deux à l'administration Nixon. Un troisième associé s'était joint à eux : Hank Greenberg, le président d'AIG, qui, depuis plusieurs décennies, avait développé ses activités d'assurance en Chine. Au cours des dix dernières années, il avait dépensé à Washington plus de 72 millions de dollars en lobbying pour sa firme. « Des quantités énormes d'argent, selon un observateur des mœurs du Congrès, destinées à combattre toutes les mesures de régulation qui pourraient être prises pour protéger les consommateurs américains. »

Personne, au Sénat, à la Chambre des représentants ou à la Maison Blanche, ne refusait de prendre au téléphone Greenberg, qui ne cachait pas que son seul objectif était d'étendre les privilèges dont bénéficiait déjà sa compagnie. Il avait refusé l'offre de Ronald Reagan de prendre la direction de la CIA.

Dix jours après les attentats du 11 Septembre, il exerça des pressions – irrésistibles – sur l'Administration et le Congrès pour qu'un amendement soit voté prévoyant d'utiliser l'argent des contribuables pour couvrir les pertes liées à des actes terroristes. AIG possédait à travers sa filiale International Lease Finance plusieurs centaines d'avions en leasing. Greenberg insista pour que l'amendement sur le point d'être voté et garantissant une assurance « risque de guerre » ne s'appliquât pas seulement aux compagnies aériennes classiques mais soit étendu aux compagnies de leasing comme la sienne.

Un grand avenir

Geithner effectuait ses premières armes aux côtés de trois des hommes les plus puissants et les plus impitoyables du monde des affaires américain. Trois personnages quasi octogénaires mais à la vitalité intacte qui voulaient devenir les intermédiaires incontournables entre les États-Unis et la Chine. Le jeune Geithner avait étudié le chinois et il se rendit à plusieurs reprises à Pékin en leur compagnie. Il pénétrait dans les coulisses des relations sino-américaines et il percevait le rôle crucial et complexe joué par le créancier chinois auprès du débiteur américain. Sa carrière ressemblait à un rapide parcours initiatique. Après New York et les activités financières sino-américaines, il fut envoyé à Washington où, de 1998 à 2001, il devint sous- secrétaire aux Finances pour les affaires internationales, sous l'autorité d'abord de Robert Rubin, puis de Lawrence Summers.

En octobre 2003, il est nommé, à l'âge de quarante-deux ans, au poste prestigieux de président de la Fed de New York. Sa nomination fut annoncée par le président du conseil des directeurs de la Banque centrale qui n'était autre que… Peter Peterson, assisté de Hank Greenberg. Un monde stable et avisé qui n'était jamais touché par les crises venait de coopter à un poste de confiance un homme encore jeune auquel ils prédisaient un grand avenir. Un avenir qui se concrétisa quand Barack Obama, sur les conseils de Summers et Peterson, nomma Geithner au poste occupé encore quelques jours plus tôt par Paulson.

Les contribuables, grands perdants

La présidence Obama marquait une rupture totale avec l'administration précédente. Sauf dans la gestion de la crise financière qui avait maintenant largement gagné l'économie réelle. Le plan de sauvetage que Tim Geithner détailla le 23 mars 2009 suscita une immense déception. L'économiste Robert Reich, ancien ministre du Travail de Clinton, le qualifia de plan « Paulson-Geithner » pour bien souligner l'apparente identité de vues entre les deux hommes. Pour le célèbre économiste Jeffrey Sachs, ce n'était qu'« une tentative à peine voilée de transférer des centaines de milliards de dollars des contribuables vers les banques commerciales ». Avant que ce plan soit présenté, l'éditorialiste du *New York Times* Paul Krugman, futur prix Nobel d'économie, écrivit qu'il était « désespéré de voir qu'Obama… est parti du principe que les banques sont fondamentalement saines et que les banquiers savent ce qu'ils font. À croire que le président fait tout pour confirmer le sentiment que lui-même et son équipe économique sont coupés des réalités[1] ».

Les hommes qui exprimaient ce désarroi face à ce « remake » du plan Paulson étaient tous des

1. Paul Krugman, « Bailout for Bunglers », *The New York Times*, 1er février 2009.

progressistes qui avaient violemment combattu la politique de l'administration Bush. Le plan Geithner prévoyait de débloquer jusqu'à 1 000 milliards de dollars pour racheter les actifs toxiques détenus par les établissements financiers.

Le prix Nobel d'économie Joseph Stiglitz, ancien économiste en chef de la Banque mondiale, en démonta avec une précision toute chirurgicale les mécanismes et démontra qu'il s'agissait d'un marché de dupes. « En réalité, écrit-il, tout le monde n'y gagne pas : les banques et les investisseurs oui, mais les contribuables, eux, en sortent grands perdants. Le ministère des Finances espère nous tirer de l'ornière en reproduisant le système pernicieux dont s'est servi le secteur privé pour mener le monde à la catastrophe […]. Les banques se sont mises en difficulté, et notre économie avec, en s'endettant trop lourdement, c'est-à-dire que puisant relativement peu dans leurs propres ressources, elles empruntaient à tout-va pour acheter des actifs immobiliers extrêmement risqués. »

Le décor ainsi dressé, Stiglitz dissèque les détails du plan : « En théorie, le plan du gouvernement se fonde sur la liberté laissée au marché de déterminer les prix des "actifs toxiques" des banques, principalement l'encours des prêts immobiliers et des titres qui y sont adossés. Mais en réalité, ce que le marché fixera, ce ne sont pas les prix des actifs toxiques eux-mêmes mais le prix des options sur ces actifs. Or, il s'agit de deux choses bien différentes. Le plan de Timothy Geithner équivaut à une assurance pour presque toutes les pertes. Comme les investisseurs échappent pour l'essentiel à ces pertes, ils "valorisent" surtout leurs gains potentiels. » Et de fournir un exemple : « Prenons un actif qui a des chances égales de valoir dans un an soit 0 dollar soit 200 dollars. Sa valeur moyenne est de 100 dollars. C'est à ce prix qu'il se vendrait sur un marché concurrentiel [...]. Dans le cadre du plan, le gouvernement apporterait environ 92 % des capitaux nécessaires pour racheter cet actif mais il ne recevra que 50 % des gains éventuels tout en absorbant la quasi-totalité des pertes. Voilà un partenariat pour le moins déséquilibré.

« Imaginons maintenant que l'un des partenariats entre public et privé soit disposé à débourser 150 dollars pour l'actif. C'est 50 % de plus que sa valeur réelle et la banque se fait une joie de vendre. Ainsi, le partenaire privé met sur la table 12 dollars, l'État prenant à sa charge le solde, soit 12 dollars "en fonds propres" plus 126 dollars sous forme de prêt garanti. Si, au bout d'un an, il se trouve que la valeur réelle de l'actif est nulle, le partenaire privé perd ses 12 dollars et l'État 138 dollars. Si elle atteint 200 dollars on procède à un partage à égalité des 74 dollars qui restent, après remboursement du crédit de 126 dollars [...] le partenaire privé voit la valeur de son investissement initial plus que tripler. Mais le contribuable qui a risqué 138 dollars obtient la maigre somme de 37 dollars. »

Le jugement porté par Joseph Stiglitz au terme de son analyse est d'une extrême sévérité : « Ce que fait le gouvernement Obama est bien pire que la nationalisation. C'est un ersatz du capitalisme, la privatisation des bénéfices et l'étatisation des pertes. C'est un "partenariat" dans lequel une des parties vole l'autre [...] Alors, quels sont les avantages d'un plan comme celui-ci ? Sans doute est-ce le genre de dispositif qu'adore Wall

Street : astucieux, complexe et opaque, autorisant d'énormes transferts de richesses vers les marchés financiers[1]. »

Les gouvernements détournent l'attention

Auditionné le 6 octobre 2008 par la Chambre des représentants, l'ancien patron de Lehman Brothers, Richard Fuld, expliqua que sa banque avait été emportée par une « tempête de peur ». Une explication un peu courte où il mettait en avant la conséquence et non les causes de la crise. C'est l'irresponsabilité et le cynisme avide dont lui et ses pairs avaient fait preuve qui provoquèrent ce sentiment de peur qui se propagea au fil des mois à travers le monde.

L'approche du sommet du G20 qui allait se tenir le 2 avril 2009 à Londres suscitait une immense attente. Il s'agissait de la première apparition importante de Barack Obama sur la scène mondiale, et cette réunion regroupait vingt dirigeants qui représentaient 65 % de la population et 85 % du PIB de la planète.

De nombreux commentateurs évoquaient l'opportunité historique pour ce sommet de jeter les bases d'un nouveau « Bretton Woods » où avait été créé, en 1944, le système monétaire moderne. En réalité, le sommet du G20 arrivait trop tard, et les dirigeants présents à Londres étaient dans leur grande majorité aussi désemparés que les opinions qu'ils représentaient. Tous s'étaient lancés, sans concertation, dans des plans

1. Joseph Stiglitz, « Obama's Ersatz Capitalism », *The New York Times*, 31 mars 2009.

de sauvetage et de relance nationaux. Une crise de l'endettement combattue par une dette accrue. Le sommet ressembla à un véritable catalogue à la Prévert : les États s'engageaient à intervenir massivement, afin de restaurer la confiance des marchés et éviter la faillite de l'économie mondiale. On exigea des banques des bilans plus sains et des méchants furent pointés du doigt : les paradis fiscaux (dont on voit mal en quoi ils sont à l'origine de la crise), les fonds spéculatifs (qui n'ont fait que l'amplifier) et enfin les agences de notation (dont ces mêmes États quêtent les notes qu'elles leur attribuent). Bref, des gouvernements qui se sont révélés totalement incapables de contrôler leur propre industrie financière détournent l'attention vers d'hypothétiques ennemis extérieurs.

Les attaques portées durant ce sommet contre les paradis fiscaux offrirent à Nicolas Sarkozy et à quelques autres responsables un succès facile mais empreint de démagogie. La réalité est pourtant très simple : l'immense majorité des grandes entreprises en France et à l'étranger utilisent les paradis fiscaux, sans que leurs gouvernements aient trouvé jusqu'ici à y redire.

Les banques françaises dans les paradis fiscaux

Aux États-Unis, quatre-vingt-trois des cent premières sociétés américaines disposent de filiales dans des paradis fiscaux. Résultat : 61 % des entreprises américaines n'ont pas payé d'impôts entre 1996 et 2000. Sur les sept cents premières entreprises britanniques, deux cent vingt n'ont pas payé d'impôts entre 2006 et 2007 et deux cent dix autres ont reversé moins de 10 milliards de livres au Trésor britannique.

Bien entendu, les sociétés françaises, elles, sont beaucoup plus vertueuses : l'étude publiée le 11 mars 2009 par *Alternatives économiques* révèle que le secteur financier est le plus implanté dans les paradis fiscaux. BNP Paribas, le Crédit agricole et la Société Générale disposent à elles trois de trois cent soixante et une entités offshore. En ajoutant Banque populaire, Dexia et la Banque postale (présente au Luxembourg), on atteint un total de quatre cent soixante-sept implantations dans les paradis fiscaux. Banque Populaire est même présente dans trois paradis fiscaux à la réputation des plus douteuses : les îles Caïmans, Malte et Panamá.

BNP Paribas arrive en tête avec le chiffre énorme de cent quatre-vingt-neuf filiales devant le Crédit agricole, cent quinze filiales, et Banque Populaire, quatre-vingt-dix. Des implantations réparties dans une trentaine de territoires, des Bermudes à la Suisse, et qui permettent de pratiquer l'« optimisation fiscale », pour la clientèle fortunée et les entreprises multinationales. LVMH possède cent quarante-six filiales dans les paradis fiscaux, Pinault-Printemps-La Redoute quatre-vingt-dix-sept, France Télécom soixante-trois, Lagardère cinquante-cinq, EADS quarante-six. Bouygues avec dix-huit implantations et L'Oréal avec vingt-deux sont plus discrets, tout comme EDF qui ne possède que huit filiales [1].

---

1. Christian Chavagneux et Marie-Salomé Rinuy, « Enquête exclusive : la présence des entreprises du CAC 40 dans les paradis fiscaux », *Alternatives économiques*, 11 mars 2009.

Le sommet de Londres sera encore une fois, comme tous les G7, 8, 13 et 20 qui se déroulèrent auparavant, celui des faux-semblants. Et justifie le jugement cinglant de Jim Cramer, sur la chaîne CNBC : « Ils ne savent rien. »

L'unité apparente dissimule l'impuissance et l'ampleur des égoïsmes nationaux. Barack Obama, que l'on espérait voir s'impliquer beaucoup plus, paraît étrangement en retrait. Un collaborateur du ministère britannique des Finances, Alastair Darling, rencontré à Londres, apporte un éclairage intéressant.

Ce haut fonctionnaire de quarante-six ans que je retrouve au restaurant Wheeler a travaillé à la préparation du G20. « Ce fut une période très déroutante. Nous entretenons, vous le savez, des relations particulières avec les États-Unis qui nous confèrent un contact privilégié. Mais avec la nouvelle administration Obama, ce contact était très difficile à établir. Bien sûr, il y avait la conjoncture, les équipes se mettaient en place et n'étaient pas encore rodées mais malgré tout, et c'est le moins que l'on puisse dire, les échanges des deux côtés de l'Atlantique n'étaient pas nourris. Mon ministre, M. Darling, essayait fréquemment de joindre Tim Geithner, mais il avait les plus grandes difficultés à lui parler. Le ministre américain ne le rappelait que rarement[1]. »

« Des génies qui ont perdu plus de 1 000 milliards »

Cette indifférence, ou ce désintérêt, a probablement une explication toute simple : la crise a

1. Entretien avec l'auteur, juin 2009.

d'abord éclaté aux États-Unis, même si l'effet d'amplitude l'a propagée à travers la planète. La priorité d'Obama est de stabiliser la situation dans son pays. L'économiste Martin Feldstein, qu'il reçoit régulièrement, lui a brossé en mars un tableau inquiétant. « L'économie américaine, a-t-il dit, est confrontée à un déficit de la demande d'un montant de 750 milliards de dollars (585 milliards d'euros). Un chiffre qui découle d'une baisse de richesse des ménages équivalant à 12 000 milliards de dollars. »

Ce diagnostic livre un double verdict : la crise a considérablement appauvri la population américaine et le moteur de la consommation, clé de la relance et de toute croissance, est pratiquement au point mort. Une réalité doublement préoccupante. Le président américain doit agir en accomplissant un grand écart : relancer l'économie et la croissance, tout en renflouant un secteur bancaire qui continue d'imposer sa loi.

Tim Geithner a même prévu d'associer les fonds spéculatifs dans le rachat des actifs toxiques des banques, en mettant à leur disposition 100 milliards de dollars et en leur garantissant de séduisantes exemptions fiscales. L'administration américaine joue une partie délicate : les banques réclament une aide massive mais ne veulent pas reconnaître l'ampleur exacte de leurs pertes, de crainte d'être considérées comme insolvables.

« Nous avons, déclare Tim Geithner, un système financier contrôlé par des actionnaires privés, géré par des institutions privées, et nous aimerions faire de notre mieux pour préserver ce système. »

Lawrence Summers a affirmé à Barack Obama : « Je pense que les gouvernements font de mauvais managers pour les banques. » « En opposition, je suppose, rétorque Paul Krugman, aux génies du secteur privé qui ont perdu plus de 1 000 milliards en l'espace de quelques années. Ce préjugé en faveur du secteur privé, même quand le gouvernement injecte tout cet argent, semble être une réponse pervertie de l'Administration à la crise financière[1]. »

Il existe à la fois une grande différence et une totale similitude entre Paulson et Geithner. Le premier avait éclipsé Bush dès le début de la crise, le second, au contraire, évolue dans l'ombre d'Obama. Mais il semble écartelé entre deux fidélités : celle qu'il doit au président qui l'a nommé et une autre envers Wall Street, auquel il doit sa carrière. Simon Johnson, approuvé par le commentateur Kevin Phillips, évoquait l'apparition d'une « nouvelle oligarchie financière » aux États-Unis. Tim Geithner en est le pur produit et ses choix reflètent cet esprit de caste.

Il sait mieux que quiconque que les banques américaines ont artificiellement gonflé, dans leurs comptes, la valeur des actifs immobiliers qu'elles détiennent, et qu'elles prétendent, à tort, posséder suffisamment d'actifs pour couvrir leurs arrières.

Un rapport parvenu à la Fed en 2007 révèle que neuf cent quarante établissements bancaires américains, de petite ou moyenne taille, pourraient, dès la fin 2009, essuyer des pertes totales de 200 milliards de dollars, liées à des prêts immobiliers[2].

Vis-à-vis des banques, Obama ressemble à un alpiniste en pleine ascension et soudain dépourvu

---

1. Paul Krugman, *op. cit.*
2. Maurice Tamman et David Enrich, « Local Banks Face Big Losses », *The Wall Street Journal*, 19 mai 2009.

de prise. Ses homologues occidentaux affrontent la même difficulté.

Le secret et l'ambiguïté entretenus par le monde financier demeurent sa force. « Vous voulez, dit-il, racheter nos actifs toxiques, alors faites-le à nos conditions. » Zach Carter illustre, à travers le cas d'une banque, le dilemme auquel le gouvernement américain est confronté : « La Firstfed Financial est une banque californienne qui a perdu 98 % de sa valeur, au cours de l'année écoulée. L'action tourne aujourd'hui autour de 50 cents, ce qui confère à la banque une valeur sur le marché de 6,8 millions ; mais une déclaration récente de ses dirigeants évalue le montant des prêts détenus par l'établissement à 265,5 millions de dollars, ce qui valorise le montant de l'action à 18,74 dollars. Les investisseurs ne croient pas que ces prêts valent, même de loin, ce que la compagnie affirme. Mais si la Firstfed vend ses prêts dans le cadre du plan Geithner, ce sera presque certainement à ces prix, et peut-être même à un niveau plus élevé [...]. Si ces prêts sont vendus à un prix trop bas, les autorités de contrôle seront légalement obligées d'entrer dans la banque et d'en prendre le contrôle [1]. » Une solution que le gouvernement préfère ne pas envisager.

Obama préfère Wall Street à Detroit

Une chose saute aux yeux : Detroit, la capitale mondiale de l'automobile, s'est effondrée en

1. Zach Carter, « Is Geithner's Hedge Fund Bailout Illegal ? », *Mother Jones*, 14 juin 2009.

même temps que Wall Street. Deux symboles de la puissance américaine, l'un en déclin, l'autre au sommet de sa puissance – et de sa capacité de nuisance – sont désormais à genoux, la sébile à la main, quêtant l'argent public. Mais les sacrifices que Barack Obama a exigés de Detroit contrastent avec la sympathie qu'il manifeste toujours envers Wall Street.

General Motors et Chrysler ont reçu au total plus de 50 milliards de dollars de l'État fédéral, mais le président américain a exigé la tête du président de General Motors et a subordonné une aide accrue à un plan drastique de restructuration de la part des deux constructeurs. Sur l'autre versant, les milliers de milliards de dollars déversés sur le secteur financier ne se sont accompagnés d'aucune sanction ni mise à l'écart. Thaddeus McCotter, élu de l'État du Michigan – où se situe Detroit – à la Chambre des représentants, s'en indignait : « La semaine dernière, le président et son ministre des Finances rencontraient les chefs de Wall Street qui ont provoqué le krach de notre marché du crédit et nous ont entraînés dans le précipice d'une dépression globale. La Maison Blanche promettait de travailler avec ces présidents de Wall Street qui, même maintenant, défendent le bien-fondé de leurs bonus. M. Wagoner [le président de General Motors], en revanche, a été contraint de démissionner [...] Quand les dirigeants de Wall Street qui bénéficient de ce plan de sauvetage seront-ils, eux, sommés de démissionner[1] ? »

1. Andrew Ward, « Detroit Contrasts Sacrifice with Wall Street Sympathy », *The Financial Times*, 31 mars 2009.

L'ancien responsable de Lehman Brothers, rencontré à New York, exprime un avis différent : « GM en réalité est déjà mort depuis des années. Il produit des modèles destinés à des clients américains rêvés, fantasmés, ou qui n'existent plus. C'est un secteur d'activité provincial, dirigé par des provinciaux qui ne bénéficient plus d'aucun soutien à Washington. Rien à voir avec le pouvoir d'attraction, de séduction du monde de la finance, son cosmopolitisme, son *art de vivre* [cette dernière expression exprimée en français]. Et puis il incarne l'avenir, ou plutôt le présent et l'avenir. »

Un monde, en tout cas, choyé par la nouvelle Administration. Pour éviter les restrictions que pourrait imposer le Congrès, la Maison Blanche et le ministère des Finances, juste avant le sommet du G20, créèrent dans la plus grande discrétion des structures parallèles, sans existence légale, par lesquelles transiterait une partie de l'argent du plan de sauvetage. L'affaire fut révélée le 4 avril 2009 par le *Washington Post*, qui soulignait que l'objectif principal de cette mesure était d'éviter que les salaires et les bonus des dirigeants de firmes financières ne soient limités par des mesures prises au Sénat et à la Chambre des représentants. Cette décision fit l'objet d'intenses consultations entre les ministères des Finances et de la Justice, dont les juristes accordèrent le feu vert[1]. Ils estimaient que cette méthode, permettant d'éviter les restrictions sur les salaires, pouvait être recevable légalement, ce que contestent de nombreux avocats.

1. Amit R. Paley et David Cho, « Administration Seeks an Out On Bailout Rules for Firms », *The Washington Post*, 4 avril 2009.

15

J'ai rencontré Rahm Emanuel à Washington, alors que l'hôte de la Maison Blanche, Bill Clinton, affrontait l'affaire Monica Lewinsky. Il régnait dans la capitale fédérale une détestable atmosphère de curée. Les conservateurs déchaînés manœuvraient pour obtenir l'*Impeachment* [la destitution] du président. Emanuel était alors à ses côtés, comme responsable des affaires politiques, et répliquait avec la même violence aux accusations portées contre son patron. Il avait la réputation d'un dur ne faisant aucun cadeau. C'était un homme de petite taille approchant la quarantaine, sec et nerveux, qui s'exprimait par phrases brèves. Nous nous étions croisés au cours d'un dîner et j'avais rapidement compris en lui parlant qu'il détestait la presse et les questions qu'il jugeait déplacées. Son visage affichait alors un sourire large et glacial qui donnait l'impression qu'il était prêt à vous déchiqueter.

Nous étions en 1998 et j'ignorais bien entendu que Rahm Emanuel se préparait à quitter la Maison Blanche pour devenir un banquier d'affaires au sein de la firme Wasserstein et

Perella. Bruce Wasserstein, qui dirige aujourd'hui la banque Lazard, était l'un des plus importants bailleurs de fonds du parti démocrate. Il vint à Washington déjeuner avec Rahm Emanuel dans un restaurant situé à proximité de Dupont Circle, un quartier résidentiel de la ville. Emanuel était originaire de Chicago et Wasserstein avait à ses côtés John Simpson qui dirigeait ses bureaux dans la capitale du Middle West. L'accord fut scellé au terme du repas et Emanuel se prépara à entamer une nouvelle carrière qui allait le rendre riche. Il confia à des proches qu'il avait fait ce choix pour assurer la sécurité financière de sa famille avant de revenir éventuellement à la politique.

Rahmbo

Emanuel était l'un des premiers à bénéficier de l'alliance implicite scellée entre Wall Street et l'administration Clinton. En deux ans et demi, jusqu'au rachat de Wasserstein et Perella par la banque allemande Dresdner, il se retrouva à la tête d'une petite fortune de 18 millions de dollars. La plupart des opérations financières auxquelles il participa durant cette période se négocièrent à Chicago. Notamment le rachat de Security Links, une société spécialisée dans les systèmes d'alarme pour les habitations, qui appartenait au groupe de télécommunications SBC dirigé par William Daley, l'ancien secrétaire au Commerce de Bill Clinton et frère du maire de la ville. Emanuel, malgré cette incursion dans le monde de la finance, était avant tout un politique et un homme d'appareil dont tous les réseaux se trouvaient à

Chicago. Dans cette grande métropole du Middle West, toute la vie politique gravitait autour de la famille Daley qui contrôlait, à l'exception d'une brève interruption, la mairie depuis deux générations.

À la fin des années quatre-vingt, Emanuel travaille aux côtés du maire avant de lever, en 1991, 72 millions de dollars pour le candidat Clinton, ce qui lui vaut le surnom de « Rahmbo » et permet la victoire du candidat démocrate.

Rahm Emanuel symbolise l'alliance étroite et incontournable existant à Chicago entre politique et finance. Cette cité, personne ne le mentionne, est un extraordinaire creuset, ou plutôt un laboratoire dont le rôle éclaire de façon saisissante les événements financiers et politiques qui ont marqué le pays au cours de nombreuses décennies. C'est à Chicago que naquit en 1849 le marché des dérivés. La Bourse créée cette année-là, le Chicago Board of Trade, autorisait en effet l'achat et la vente d'options et de contrats à terme sur les matières premières agricoles. Aujourd'hui, le Chicago Board Options Exchange demeure la première Bourse mondiale pour le marché des matières premières.

Dans le domaine intellectuel, la contre-culture conservatrice, relayée par l'administration Reagan, naquit et s'épanouit dans l'enceinte de l'université. L'« école de Chicago », fondée par l'économiste Milton Friedman, propagea à travers le monde les thèses « néolibérales ».

Chicago est un univers ambitieux et dur que des hommes comme Rahm Emanuel incarnent parfaitement. Quand il décida, en 2002, de se présenter au Congrès, au poste de représentant de l'Illinois, il put compter sur l'appui des dirigeants du monde industriel mais surtout financier. Il bénéficia pour sa campagne de dons qui dépassèrent 1,5 million de dollars, et quand il dut les solliciter de nouveau, en 2006, lors des élections générales qui se déroulent à mi-mandat présidentiel, il obtint du secteur financier 5,8 millions de dollars. Entretemps, Emanuel était devenu président du comité de campagne démocrate au Congrès, un poste clé.

À Chicago, la politique est un investissement prioritaire pour les milieux financiers et le soutien de ces milieux, une priorité pour les politiques. Au milieu des années 2000, la trajectoire de Rahm Emanuel croisa celle, naissante, de Barack Obama et le destin des deux hommes ressembla à deux lignes parallèles dont le tracé n'allait plus jamais diverger.

400 000 dollars pour six réunions

En novembre 2008, quelques semaines seulement après l'élection, il est la première personnalité dont Obama annonce la nomination, au poste de secrétaire général de la Maison Blanche. Emanuel constitue le trait d'union entre les deux administrations démocrates qui se succèdent à huit années de distance. Âgé désormais de quaranteneuf ans, il reflète toutes les ambiguïtés des démocrates vis-à-vis du monde de la finance. Au sein de la Chambre des représentants, il est l'élu qui a reçu le plus grand nombre de dons du secteur financier. Il sera, juste après l'annonce de sa désignation par Barack Obama, l'invité sur ABC de l'émission de

George Stephanopoulos, qui a été, lui aussi, un des plus proches conseillers de Clinton. Quand Stephanopoulos lui demande si Obama va rapidement augmenter les impôts des plus riches, comme il l'a promis, Emanuel refuse avec obstination de répondre.

La question est d'autant plus embarrassante qu'elle le concerne directement. Emanuel est devenu riche non seulement en travaillant pour une banque d'investissement mais aussi en pantouflant au conseil de direction d'un organisme que l'administration Bush – en attendant celle d'Obama – ne cessa de renflouer.

En 2000, Bill Clinton l'avait nommé au conseil de direction de Freddie Mac, en compagnie de son partenaire au golf, James Free, et de Harold Ickes, un ancien conseiller à la Maison Blanche étroitement impliqué dans l'élection d'Hillary au poste de sénateur de l'État de New York.

Freddie Mac et son homologue Fannie Mae constituent, aux États-Unis, les piliers du refinancement hypothécaire. Ces deux géants, ayant depuis 1968 le statut hybride de sociétés privées, soutenues par l'État, assument le refinancement des prêts immobiliers accordés aux foyers les plus modestes. Elles disposent d'une ligne de crédit garantie par l'État pour racheter ces emprunts aux banques dont elles soulagent ainsi le bilan. Les deux firmes se sont également livrées aux délices de la spéculation en propageant les produits dérivés reposant sur l'immobilier.

En mars 2009, les deux sociétés, nationalisées *de facto* en septembre 2008 en raison de l'ampleur de leurs pertes, ont reçu plus de 400 milliards de dollars (317 milliards d'euros) d'argent public, ce qui correspond à deux fois le montant des sommes perçues par Citigroup, Bank of America, Wells Fargo, Goldman Sachs et Morgan Stanley. La crise a provoqué leur faillite, et elles possédaient plus de la moitié de l'encours total des crédits hypothécaires aux États-Unis.

Entre 2001 et 2006, période d'euphorie immobilière, Freddie Mac et Fannie Mae constituaient les principaux fournisseurs de liquidités. Au milieu de l'année 2007, elles détenaient à elles deux 4 800 milliards de dollars d'emprunts immobiliers, le montant le plus gigantesque au monde. Dissimulées derrière leur notation AAA, elles s'étaient livrées à des opérations inconsidérées. Fannie possédait ou garantissait 2 800 milliards de dollars, avec un capital de 40 milliards de dollars ; Freddie couvrait 2 000 milliards de dollars avec seulement 34,6 milliards. Leur dette, garantie par l'État fédéral, et donc le contribuable, se situait entre 122 et 182 milliards de dollars.

En 2007, quand Paulson injecte 100 milliards de dollars pour maintenir Freddie Mac à flots, la firme, au bord de l'insolvabilité, a déjà été contrainte de verser 585 millions de dollars en procédures judiciaires et en pénalités. En 2009, Barack Obama décide d'accorder 200 milliards de dollars de rallonge à Freddie Mac qui vient d'essuyer une nouvelle perte de 50 milliards. Cette société au statut hybride et au fonctionnement déconcertant était dès 2007 en bien mauvaise santé financière et juridique.

Les Français et les Italiens pensent que leurs systèmes sont les seuls à favoriser le pantouflage de leurs élites. Le fonctionnement de Freddie Mac apporte un cinglant démenti. En quatorze mois passés au conseil de direction, Rahm Emanuel a perçu 380 000 dollars plus 20 000 dollars d'honoraires pour avoir participé à six réunions dans l'année. Deux ans après son départ, il vendra le stock d'actions de Freddie Mac qu'il détenait pour 250 000 dollars.

Freddie Mac représente non seulement une sinécure confortable pour d'anciens collaborateurs présidentiels mais également un fief démocrate qui permet d'influer sur la politique du Congrès et de financer illégalement des candidats. Un véritable trafic d'influence élaboré dès septembre 2000 au cours de réunions dont la commission fédérale pour l'élection (Federal Commission For Election) a retracé les détails. La porte-parole d'Emanuel, Sarah Feinberg, a déclaré qu'Emanuel « ne se rappelait pas la réunion ou son objet[1] ». Pourtant, selon les témoins, il était présent et l'objectif était clair : se servir de Freddie Mac pour permettre à quatre-vingts bailleurs de fonds de violer la loi fédérale qui interdit aux sociétés privées toute activité politique directe. Leur initiative, prise en 2000, permit de déverser 1,7 million de dollars sur des candidats au Congrès. Et Rahm Emanuel, qui se présentait en 2002 comme représentant des quartiers nord de Chicago, en fut l'un des principaux bénéficiaires. L'examen détaillé de ses comptes de campagne révélait qu'il avait touché deux fois plus de donations émanant directement ou indirectement de Freddie Mac que tout autre candidat au Sénat ou à la Chambre des représentants.

1. Bob Secter et Andrew Zajac, « Rahm Emanuel's Stint at Mortgage Ciant », *The Chicago Tribune*, 26 mars 2009.

Il échappa à toute sanction, mais la commission fédérale pour l'élection infligea, au terme de son enquête, une amende record de 3,8 millions de dollars à Freddie Mac. Cette décision s'ajoutait à une gestion financière dégradée.

La Maison Blanche refuse la divulgation de documents

Fannie Mae a également fait le bonheur et la fortune de nombreux caciques du parti démocrate, mais quand ses comptes furent épluchés, au moment de la crise, on s'aperçut que les dirigeants de Fannie Mae les avaient maquillés pour cacher de lourdes pertes.

Comme l'écrivit Jonathan Laing : « C'était peut-être la plus cruelle des ironies de constater qu'au moment où le marché du logement était plongé dans le plus grand besoin, la principale entité créée durant la Dépression [Fannie Mae avait été créée en 1938 par Franklin Roosevelt pour fournir des liquidités à ce secteur] risquait d'avoir besoin, elle-même, d'un sauvetage[1]. »

Fannie et Freddie, avec la même irresponsabilité que les banquiers, avaient jonglé et perdu sur le marché des dérivés. Les pertes essuyées par Fannie Mae provenaient essentiellement des subprimes et des Alt-A. Ce crédit hypothécaire immobilier était censé correspondre à des emprunteurs qui n'avaient connu aucun incident de paiement sérieux au cours des vingt-quatre derniers mois. En réalité, on les surnommait les « prêts menson-

1. Jonathan R. Laing, « Is Fannie Mae the Next Government Bailout ? », *Barron's*, 10 mars 2008.

gers », car la plupart des banques et organismes prêteurs se contentaient des informations souvent inexactes fournies par les emprunteurs. Fannie Mae détenait pour 314 milliards de dollars de ces crédits dérivés Alt-A.

Fannie Mae et Freddie Mac constituaient deux dossiers épineux dont héritait Barack Obama. La crise avait bien sûr accentué leur dérive, mais ces organismes souffraient depuis des années d'un manque de rigueur et de sens de l'intérêt général dans leur gouvernance. Leur gestion n'obéissait à aucune éthique mais était constituée par l'addition d'intérêts partisans et de manœuvres politiciennes que la présence d'Emanuel symbolisait parfaitement.

Le président américain devait être conscient qu'il existait là un problème sérieux puisque son administration rejeta la requête formulée par le *Chicago Tribune* qui invoquait le Freedom Information Act. Le grand quotidien, réputé pour la qualité de son travail, réclamait la communication et la diffusion des minutes et de la correspondance concernant Rahm Emanuel lorsqu'il siégeait à la direction de Freddie Mac. Le 26 mars 2009, le *Chicago Tribune* annonça le refus d'Obama de voir divulguer le moindre document. Dans la même édition, le journal livrait le témoignage de Neil Hartigan, ancien attorney général de l'Illinois. Il avait siégé aux côtés d'Emanuel chez Freddie Mac et ses propos, bien qu'exprimés en termes généraux, éclairaient le refus de l'Administration. Selon Hartigan, la « première contribution d'Emanuel avait été d'expliquer aux autres membres du conseil de direction comment jouer avec les leviers de pouvoir. Il était respecté, ajoute-t-il, pour sa compréhension des dynamiques du processus législatif et de l'exécutif, aux plus hauts niveaux[1] ». En termes clairs, cela signifiait que Rahm Emanuel faisait partie de ces hommes incontournables qui connaissent chaque rouage du pouvoir et en tirent les ficelles depuis les coulisses.

Emanuel se trouvait aux confins de deux mondes, celui de la finance et celui de la politique, et tous deux manifestaient depuis plusieurs années un très vif intérêt pour Barack Obama. Au moment où la campagne présidentielle faisait rage, Chuck Todd, le chef du service politique de la chaîne ABC, déclarait : « Les ressources dont Barack Obama dispose rendent encore plus difficile pour McCain de remonter la pente. Plus que jamais, l'argent, aussi bien celui qui s'évapore chaque jour à Wall Street où la Bourse continue de dégringoler, que celui qui s'accumule dans les coffres de campagne de Barack Obama, est bel et bien le nerf de la guerre électorale. Sur ce point au moins, la campagne présidentielle 2008 aura été placée bien davantage sous le signe du *business as usual* que du changement promis[2]. »

Barack Obama a levé pour sa campagne plus de 600 millions de dollars, dont 150 millions pour le seul mois de septembre 2008, quand les deux candidats à la présidence abordèrent la dernière ligne droite. En comparaison, George W. Bush,

1. Bob Secter et Andrew Zajac, art. cité.
2. Patrick Sabatier, « J-27. Barack Obama renverse John McCain sous des tapis de publicité », *Le Point*, 9 octobre 2008.

considéré jusqu'alors comme le mieux doté de tous les candidats à la présidence, n'avait pu lever que 367 millions pour sa réélection en 2004.

De multiples petits dons parviennent par Internet au candidat démocrate, s'échelonnant entre 5 et 200 dollars. En septembre 2008, la contribution moyenne se montait à 86 dollars. Mais ce courant de financement populaire, si efficace en termes d'image et de popularité, ne constitue qu'une partie modeste de son budget de campagne. Selon les chiffres recoupés par Matthew Mosk et Sarah Cohen du *Washington Post*, ces contributions ne représentent que le quart des 600 millions dont Obama dispose. Les deux journalistes évoquent une autre réalité politiquement incorrecte : « Le montant des petites donations collectées par Barack Obama est inférieur, en pourcentage, à celles obtenues en 2004 par George W. Bush, malgré un nombre plus élevé de donateurs[1]. »

Barack Obama mène une campagne d'une efficacité magistrale et, en usant d'une comparaison guerrière, on peut dire qu'au fil des mois il a acquis « la maîtrise du ciel et le contrôle absolu du terrain ».

D'abord leurs propres intérêts

Ses proches, comme dans toute campagne, multiplient les rencontres avec, cette fois, des donateurs fortunés. Une réception à Chicago, en

1. Matthew Mosk et Sarah Cohen, « Big Donors Drive Obama's Money Edge », *The Washington Post*, 22 octobre 2008.

présence de Michelle Obama, coûte 28 500 dollars par personne. Il est probable que la plupart des participants qui se pressent à cette soirée sont ceux-là mêmes qui soutiennent depuis plusieurs années l'ascension politique du candidat démocrate.

La course à la présidence puis l'émotion suscitée par son élection ont transformé Obama, aux yeux de l'opinion, en un véritable météore apparu dans le ciel politique, un homme sans passé ni enracinement. Or, la véritable trajectoire du 44e président des États-Unis est à l'opposé de cette croyance. Chicago a littéralement façonné Obama, dans tous les aspects de sa personnalité et de sa stratégie. « Je suis de Chicago et j'en connais les politiques, a-t-il confié, je suis maigre mais dur[1]. »

Dans cette ville, de puissants soutiens financiers l'ont aidé, depuis ses débuts, à chaque étape de sa carrière. Mais curieusement, aucune enquête journalistique ne s'est penchée sur cette réalité. L'hôte de la Maison Blanche, dès son entrée en fonction, est confronté à « la pire crise depuis 1929 », selon ses propres mots, mais également à la culture du cynisme qui règne à Wall Street. Comme l'écrit l'ancien banquier William Cohan, « une des leçons apprises par les clients dans la dure réalité de cette crise était que, dans une situation risquée, les banquiers n'hésitaient pas à considérer d'abord leurs propres intérêts ». Cohan rapporte également la remarque d'un financier de Wall Street qui estime que les « banquiers représentaient désormais une

1. Peny Bacon Jr, « Obama to Donors : I am Skinny but I am Tough », *The Washington Post*, 13 juillet 2008.

forme de vie inférieure à celle des pirates somaliens[1] ».

En septembre 2009, les grands établissements financiers offrent un spectacle contrasté : Citigroup et Wells Fargo ressemblent à des « banques zombies », toujours plombées, malgré des aides massives, par l'ampleur de leurs crédits toxiques ; Morgan Stanley et Bank of America-Merrill Lynch pansent leurs blessures, tandis que Goldman Sachs domine le marché du trading et JP Morgan celui de la banque d'investissement ; deux établissements où Lawrence Summers facturait 135 000 dollars chaque intervention devant les membres de la direction, soit le double du salaire annuel perçu par un salarié de l'automobile possédant la plus importante ancienneté. Les discours prononcés durant l'année 2008 par le futur conseiller économique d'Obama lui avaient rapporté 2,7 millions de dollars[2].

Mais face à ces institutions, des outsiders se dressent, prêts à se mêler à la partie, témoignant d'un appétit et d'une ambition sans limites. Le plus en vue est le fonds spéculatif Citadel Investment Group qui fait une entrée en force à Wall Street. Cet établissement, basé à Chicago, a été fondé et reste dirigé par Kenneth Griffin, ami intime et financier de Barack Obama.

1. William Cohan, « A New Battle Looms on Wall Street », *The Financial Times*, 4 août 2009.
2. Philip Rucker et Joe Stephens, « Top Economics Aid Discloses Income », *The Washington Post*, 4 avril 2009.

16

Les premières grandes émeutes raciales que connurent les États-Unis éclatèrent du 27 juillet au 1ᵉʳ août 1919, à Chicago : on dénombra 36 morts et 536 blessés. Le futur maire Richard Joseph Daley qui allait véritablement régner sur la ville avant que son fils, Richard Michael, ne lui succède, était alors âgé de douze ans.

Ce fils d'Irlandais catholiques pauvres, dont la famille avait fui la « grande famine » qui ravageait son pays, avait grandi dans une ville dirigée par les protestants, rythmée par la violence des conflits sociaux et raciaux mais aussi par les meurtres et les exactions commis par la mafia. L'agglomération sale et sans grâce, empuantie par les fumées noires des usines et contrôlée un bref moment par Al Capone, formait le confluent vers lequel convergeaient des milliers d'immigrants pauvres.

Daley s'assit pour la première fois dans le fauteuil du maire en 1955. Il allait y demeurer vingt et un ans et huit mois avant d'être terrassé par une crise cardiaque. Il élabora au fil des années une machine électorale d'une efficacité redoutable, reposant sur le clientélisme et qui n'avait qu'un double objectif : assurer sa réélection et renforcer la prééminence du parti démocrate. Les républicains n'eurent jamais droit de cité à Chicago. « C'était une ville de spéculateurs », explique Paul Green, professeur de sciences politiques à l'université Roosevelt. L'achat et la vente de terrains étaient au cœur des enjeux financiers et politiques. C'est toujours le cas aujourd'hui, comme nous le verrons plus loin. Daley aimait le pouvoir et se désintéressait de l'argent, mais il estimait que le succès de sa ville reposait en partie sur un niveau tolérable de corruption. Il répondit à un de ses proches qui s'inquiétait de voir le nombre d'affairistes qui gravitaient autour de lui : « Je leur laisse prendre beaucoup, mais pas plus[1]. »

La politique de la plantation

En 1950, la population de la ville atteignait 3,6 millions d'habitants. Entre 1940 et 1946, plus de 500 000 Afro-Américains, en majorité pauvres et dépourvus d'éducation, émigrèrent des États du Sud vers Chicago. La politique de Daley reposait sur un usage cynique de la ségrégation qui lui permettait de bénéficier de 90 % du vote noir, grâce aux relais installés dans cette communauté par sa machine électorale. C'était, selon le mot de l'historien noir et militant des droits civiques Timuel Black, une véritable politique de la « plantation où ceux qui plantaient le coton étaient contrôlés par les gardiens du patron, en l'occurrence

1. Shane Tritsch, « The Mystery of Mayor », *Chicago Magazine*, juillet 2004.

Daley[1] ». Celui-ci pensait que tant que le vote noir restait concentré dans les ghettos, il pouvait aisément le contrôler sans provoquer l'inquiétude des électeurs blancs.

Quand son fils, Richard Michael Daley, reprit le flambeau en 1989, il faisait déjà partie de l'appareil mis en place par son père, tout comme son frère William Michael. Daley le patriarche les avait placés à des postes subalternes au sein de la machine municipale.

Sous le règne de Richard Michael Daley, Chicago devint une ville à deux visages : à la fois moderne et dynamique, accueillant des sociétés financières puissantes, et en même temps claniques.

Le *Sun Times* avait plongé en 2004[2] Richard Daley dans un profond désarroi en révélant le détail des contrats lucratifs passés par la mairie avec des firmes amies, en échange de commissions. D'autres affaires ont éclaté depuis, mettant en cause des proches ou des parents. Daley Jr prétendait avoir rompu avec le tout-puissant « appareil politique » de son père. Pourtant, c'est le système existant qui favorisait l'octroi de tels avantages et chaque fois Daley – aussi peu corrompu que son père – feignait de le découvrir pour mieux le déplorer.

Les manœuvres commerciales et financières autour de l'aéroport international, O'Hare, illus-

1. David Bernstein, « Daley *vs* Daley », *Chicago Magazine*, septembre 2008.
2. Fran Spielman, « Clout on Wheels », *The Chicago Sun Times*, 12 février 2004.

traient, jusqu'à la caricature, ce clientélisme et ses enjeux. En 1993, une compagnie appelée Bella Bagno avait obtenu, sans appel d'offres, le contrat pour fournir les revêtements en plastique destinés à protéger les sanitaires de l'aéroport.

Bella Bagno s'était adressée à une firme de consultants possédée en partie par un proche ami du maire. En cinq ans, la mairie lui versa pour cette concession 15 millions de dollars.

La société WH Smith obtint la prolongation pour dix ans de sa licence l'autorisant à exploiter les stands de journaux installés à l'intérieur de l'aéroport. Elle avait accepté d'accorder une participation minoritaire de 30 % à deux amies de Maggie Daley, la femme du maire. L'homme qui favorisa la transaction, Oscar D'Angelo, autre proche de Daley, perçut 480 000 dollars.

La compagnie de Richard Crandell, qui aménagea l'hôtel de ville, obtint un contrat de 10,9 millions de dollars pour réparer et remplacer les portes des aéroports O'Hare et Midway. Depuis des décennies, Crandell finançait les campagnes électorales des Daley. « Chercher à obtenir des contrats municipaux, confiait un concurrent, est si onéreux que nous ne pouvons même pas l'envisager. »

Deux des frères du maire étaient impliqués dans des affaires qui, selon une vision indulgente des choses, relevaient du conflit d'intérêts. John Daley, un cacique du parti démocrate, possédait un cabinet d'assurances prospère dont un grand nombre de clients étaient en affaires avec la mairie. Il reconnut avoir reçu en un an plus de 400 000 dollars de commissions émanant de compagnies travaillant avec l'aéroport O'Hare. Ce montant provenait d'assurances qu'il avait vendues à travers Near North Insurance dont le propriétaire, Michael Segal, fut traduit en justice sous l'accusation de fraudes criminelles.

Son autre frère, William Daley, à la tête d'un cabinet portant son nom, avait touché 180 000 dollars par an de Citigroup comme simple consultant dans le secteur des « obligations ». Citigroup finit par reconnaître que cette collaboration lui avait permis de décrocher des contrats portant sur 4 milliards de dollars d'obligations se rapportant à l'aéroport O'Hare.

William Daley est un personnage influent. Ministre du Commerce de Bill Clinton, il a, en 2000, dirigé la campagne présidentielle d'Al Gore ; il a siégé à la direction de Boeing, du géant pharmaceutique Merck, avant de prendre la présidence du groupe de communication SBC dont Rahm Emanuel, un de ses proches amis, vendit une filiale. Il est, dira un connaisseur, aussi lié à Barack Obama qu'à Jamie Dimon qui l'a nommé à la présidence de JP Morgan pour tout le Middle West.

Une rencontre décisive

Un des principaux rouages du système Daley s'incarnait en une femme qui allait se révéler déterminante pour Barack Obama. Elle se nomme Valerie Jarrett et occupe aujourd'hui un bureau au deuxième étage de l'aile ouest de la Maison Blanche.

Quelques années auparavant, cette juriste de formation est une des protégées de Daley qui la

239

nomme secrétaire adjoint de la mairie puis responsable du planning et du développement de la ville. Cette petite femme énergique, mi-afro-américaine, mi-iranienne, reçoit en 1991 une jeune avocate diplômée de Princeton et Harvard à la recherche d'un emploi. Elle ne se nomme pas encore Michelle Obama, mais, étrange clin d'œil de l'histoire, son père a été l'un des rouages essentiels de la fameuse « machine électorale » de Daley père, celle qui lui permit pendant des décennies d'obtenir une écrasante majorité du vote noir.

Les deux femmes sympathisent et bientôt Michelle Robinson lui présente son fiancé, Barack Obama, qui enseigne le droit constitutionnel à l'université de Chicago. La rencontre avec Jarrett fut, pour le couple Obama, un moment décisif. Elle siège dans dix-sept conseils d'administration, dont celui de la Fed de Chicago, et préside le Chicago Board Stock Exchange, l'immense Bourse de la ville. Elle possède un extraordinaire réseau de relations, notamment dans les milieux financiers et auprès des familles les plus riches de la ville.

Elle constitue pour les Obama un véritable sésame qui leur permet de surmonter, ou plutôt d'écarter de leur route, tous les obstacles. Crainte, elle suscite des confidences, toujours exprimées sous le couvert d'un strict anonymat. Comme celle formulée par un homme d'affaires, qui affirme : « Elle est personnellement difficile à approcher. C'est une femme d'affaires qui voyage dans des cercles peu fréquentés. Elle sélectionne attentivement les gens à qui elle parle. Elle fait partie des gens qui portent leur snobisme comme un badge d'honneur. »

À la veille de l'élection présidentielle de 2008, elle préside depuis 1995 The Habitat Company and Co, une société immobilière chargée par la mairie et un juge fédéral de mettre un terme à la ségrégation dans les logements sociaux de Chicago. The Habitat Company and Co fonctionne avec l'argent public et détient la double casquette de conseil et de promoteur immobilier.

Au fil des ans, le plan de modernisation de Chicago avait fait disparaître 13 000 habitations réservées aux personnes modestes ou pauvres, à un moment où cette catégorie de population était confrontée à une des pires crises du logement. Beaucoup d'observateurs doutaient que Jarrett eût à cœur l'intérêt des plus pauvres. The Habitat, la firme qu'elle présidait, obtint en sept ans 6,8 millions de dollars de commissions et 10,8 millions de versements publics, tout en touchant parallèlement des millions de dollars de l'organisme municipal, le CNA, au titre de gérant immobilier.

La société avait toute latitude pour déterminer le nombre d'unités qui devaient être construites, approuver les budgets et négocier les contrats.

La position de Jarrett était très claire : le logement social devait permettre d'attirer des familles de la classe moyenne qui n'achèteraient jamais si l'environnement se révélait trop défavorisé. Elle suggérait donc de limiter le nombre de résidents pauvres et noirs autorisés à vivre dans ces nouveaux ensembles.

Cette position contredisait toutes ses déclarations publiques sur sa volonté de réduire le fossé existant encore entre Noirs et Blancs.

L'objectif assigné à The Habitat était de « désagréger » ce type de logements en les implantant dans des zones d'habitation en majorité blanche. Un objectif qui ne fut jamais atteint malgré l'ampleur des fonds versés. The Habitat ne construisit que 1 800 logements, en majorité dans des quartiers hispaniques aux revenus modestes. L'attitude ambiguë de Jarrett suscita une profonde amertume dans les communautés les plus défavorisées. Elles éprouvaient le sentiment, une fois encore, d'être abandonnées et de ne disposer d'aucun moyen pour se faire entendre. Leur amertume s'accrut quand elles découvrirent que The Habitat consacrait une part importante de son activité à la construction d'immeubles de luxe. Valerie Jarrett, parallèlement à la présidence de cette firme, siégeait au conseil de direction de USG Corporation, un des plus importants fabricants, à Chicago, de matériel de construction, qui fournissait des matériaux bon marché pour les logements sociaux…

Les agissements de Jarrett montraient que la pierre angulaire, à Chicago, dans la course à l'enrichissement et au pouvoir, demeurait le secteur immobilier grâce à la complaisance et aux passe-droits de la mairie, réalité que Barack Obama côtoya pendant des années.

En 1992, il devient le premier président noir de la *Harvard Law Review*. Les nombreux articles qui lui sont consacrés à cette occasion éveillent l'intérêt du vice-président de Rezman. Cette compagnie vient d'être créée et bénéficie du soutien total de Daley et de son administration pour construire des logements destinés aux bas revenus. C'est une des priorités exprimées par Obama dans ses interviews. Il accepte de rencontrer le patron de Rezman, Antoine Rezko, qui propose de l'engager. Il décline l'invitation et préfère entrer dans un petit cabinet d'avocats, spécialisé, lui aussi, dans l'aide au logement social. Un des responsables du cabinet, Allison S. Davis, est un ami de Rezko et siège à la commission du plan de la ville de Chicago. Une position stratégique.

Le fructueux marché de la pauvreté

Obama travaillait depuis deux ans comme avocat chez Davis et allait poursuivre huit ans encore cette collaboration, quand il décida en 1995 d'entrer en politique. Il se présenta au Sénat de l'Illinois et les contributions reçues pour sa campagne provenaient pour 300 dollars d'un avocat, pour 5 000 dollars d'un vendeur de voitures et à hauteur de 2 000 dollars de deux sociétés appartenant à Rezko.

L'homme est un affairiste mais également un rouage important du parti démocrate local, ayant un accès privilégié à Daley. En six ans, sa compagnie, Rezman, devient l'interlocuteur préféré de la mairie pour tout ce qui touche à la construction de logements sociaux.

En six ans, Rezman construit ou rénove six cents appartements situés dans quinze bâtiments, avec l'aide de fonds publics. Elle entreprend, entre 1995 et 1998, la rénovation de quatre cents appartements supplémentaires. Rezko et sa firme bénéficient d'un financement mixte, prêts bancaires, prêts de la ville et de l'État, et crédits d'impôts obtenus à travers le Federal Law Income Housing Tax Credits.

Le marché de la pauvreté se révèle de plus en plus fructueux. Tous les projets immobiliers négociés par Rezko sont confiés au cabinet d'avocats de son ami Davis, auquel Obama collabore. Travaillait-il sur ces projets ? Il l'a reconnu implicitement en 1998 dans une note biographique envoyée au quotidien *Sun Times*. Il précisait être spécialisé « dans les litiges concernant les droits civiques, les financements immobiliers, acquisitions, constructions et/ou développement d'habitations pour revenus faibles ou modérés [1] ».

Pourtant, il répond par un e-mail embarrassé aux précisions demandées le 14 mars 2007 par l'équipe du *Sun Times*. « Le sénateur Obama n'a pas représenté directement M. Rezko ou ses firmes. Il a représenté sur une base très limitée des entreprises dans lesquelles des entités de M. Rezko figuraient avec d'autres [2]. »

Cette réponse, ambiguë, reflète son embarras. Les événements, en effet, ont mal tourné pour Rezko et Davis, alors que sa proximité avec les deux hommes est connue de tous. Rezko a versé plus de 50 000 dollars de contribution aux campagnes d'Obama et lorsque ce dernier décida de se présenter au Sénat des États-Unis, en 2004, l'incontournable Rezko figurait dans le comité de financement de sa campagne qui leva 14 millions de dollars et fut un succès.

L'enquête réalisée par le *Sun Times* révèle une proximité gênante entre le futur président et le financier douteux. En 2001, le couple Obama a

1. Tim Novak, « Obama and His Rezko Ties », *The Chicago Sun Times*, 23 avril 2007.
2. *Ibid*.

acheté une maison dans le quartier de Kenwood, le jour même où les Rezko faisaient l'acquisition du lot mitoyen, auprès du même vendeur. En 2007, Rezko vend une partie du terrain à Obama pour 104 000 dollars, une transaction que ce dernier regrette rapidement, redoutant que les gens pensent qu'il a bénéficié d'une faveur de Rezko.

En effet, au même moment, l'homme d'affaires est sous le coup d'une enquête fédérale pour trafic d'influence impliquant le gouverneur du Michigan – aujourd'hui destitué – qui a bénéficié de ses financements.

Cette indélicatesse s'ajoute à plusieurs autres survenues auparavant. Rezko et Davis, l'avocat qui employait Barack Obama, avaient créé une société conjointe, New Kenwood LLC, dans l'intention de construire des bâtiments de sept étages abritant des appartements destinés aux personnes âgées. Davis sollicita et obtint une lettre de soutien au projet de la part d'Obama qui continuait à travailler pour le cabinet tout en siégeant au Sénat de l'Illinois. Les deux courriers qu'il fit parvenir en date du 28 octobre 1998 à la mairie de Chicago et aux officiels de l'État chargés du logement contenaient les mêmes arguments : « J'écris pour soutenir le projet New Kenwood LLC qui vise à construire quatre-vingt-dix-sept appartements pour des citoyens âgés à l'emplacement de la 48e Rue et de Cottage Grove. Ce projet fournira beaucoup de logements désirés par les citoyens de la quatrième circonscription [1] », voisine du district représenté au Sénat de l'Illinois par Obama.

1. Tim Novak, « Obama's Letters for Rezko », *The Chicago Sun Times*, 13 juin 2007.

Une zone polluée par les déchets toxiques

Le terrain convoité avait été acquis par Rezko et Davis auprès de la mairie, pour un dollar symbolique. Et cette générosité s'expliquait aisément : il s'agissait d'une zone complètement polluée par les déchets de benzène et de nombreux autres produits toxiques. Le budget prévu pour ce projet, 14,6 millions de dollars, était totalement financé par les impôts de la ville et l'État ainsi que par des fonds fédéraux. Rezko et Davis consacrèrent seulement 100 000 dollars à nettoyer la zone et, lorsque les inspecteurs de l'environnement vinrent examiner les résultats, le niveau de pollution restait élevé en plusieurs endroits. Pourtant ils approuvèrent la construction, en échange de la promesse faite par Rezko et Davis de recouvrir de parkings les zones polluées. En plus des bénéfices importants réalisés sur les coûts de construction, les deux promoteurs reçurent à travers leur société 855 000 dollars de commission pour assurer le développement du projet. Davis, à travers une autre de ses sociétés, bénéficia de 900 000 dollars de crédits d'impôts fédéraux.

Cottage View Terrace – puisque tel était le nom du projet achevé en 2002 – aurait dû être géré par un des plus anciens partenaires en affaires de l'avocat Davis, William Moorehead. Malheureusement, Moorehead se préparait à purger une peine de quatre années de prison pour avoir volé plus d'un million de dollars dans des projets immobiliers initiés par la ville de Chicago.

Davis avait quitté en 1998 le cabinet qui portait son nom, et où travaillait Obama, mais celui-ci continuait de traiter tous les projets immobiliers que Davis avait en commun avec Rezko ou que ce dernier développait seul ; comme celui conclu avec trois associations communautaires à but non lucratif, toutes clientes du cabinet. Elles confièrent à Rezko un programme de rénovation d'appartements destinés à des personnes aux revenus faibles. Le cahier des charges prévoyait que ces habitations seraient utilisables pendant vingt-cinq ans. Six années plus tard, les logements se révélaient inhabitables.

Entre 1989 et 1998, Rezman, la société d'Antoine Rezko, avait réhabilité trente bâtiments totalisant mille vingt-cinq appartements, tous destinés à une population pauvre. Le bilan était scandaleux. Dix-sept bâtiments présentaient des violations flagrantes du code de construction et des règles d'aménagement. Ils manquaient notamment de tout chauffage.

Six autres bâtiments avaient été purement et simplement condamnés. Des centaines d'appartements demeuraient inoccupés dans l'attente d'importantes réparations. Les contribuables devaient supporter des millions de dollars de prêts impayés.

Pendant cinq semaines, les journalistes du *Sun Times* cherchèrent à obtenir une interview du sénateur démocrate sur les agissements de Rezko dont il avait été si proche. Son équipe finit par adresser des questions écrites, auxquelles il fut répondu de manière si elliptique que ces réponses soulèvent de nouvelles interrogations.

QUESTION : Quand Barack Obama a-t-il appris les problèmes financiers de Rezman ?

Réponse : Le sénateur n'avait pas une connaissance spéciale des problèmes financiers.

Question : Le sénateur ne s'est-il jamais plaint à l'un des officiels du gouvernement, à Rezman ou à Rezko, des conditions de construction de Rezman ?

Réponse : Le sénateur Obama assurait le suivi régulier, routinier, des plaintes formulées par les électeurs en matière de logement.

Question : Le sénateur n'a-t-il jamais discuté des problèmes financiers de Rezman, au sein de son cabinet d'avocats ?

Réponse : Le cabinet nous conseillait d'ignorer de telles conversations.

En publiant ces lignes, le *Sun Times* titrait avec raison : « Le rôle peu clair d'Obama[1] ». Il ne pouvait ignorer, comme avocat puis sénateur de l'État, les pratiques douteuses de Rezko et Davis. Ces personnages illustraient l'affairisme et la corruption logés au cœur du pouvoir municipal de Chicago.

Le 11 octobre 2006, le système de retraite des enseignants de l'État de l'Illinois, par son conseil d'administration, exprima dans un communiqué « son dégoût, sa colère et son profond trouble devant les accusations fédérales portées à l'encontre d'Antoine " Tony " Rezko, accusé d'avoir sollicité des millions de dollars en pots-de-vin et paiements clandestins auprès de sociétés d'investissement qui cherchaient à faire des affaires avec nous[2] ».

Le 5 juin 2008, alors que la campagne présidentielle battait son plein, Rezko, sous le coup de

1. Tim Novak « Obama and His Rezko Ties », art. cité.
2. *Ibid.*

seize chefs d'inculpation, fut condamné pour fraude, blanchiment d'argent et complicité de corruption.

« Je suis attristé par le verdict d'aujourd'hui, commenta Obama, ce n'est pas le Tony Rezko que je connaissais. »

17

En gommant Rezko et Davis de leur passé, le couple Obama s'efforce de tourner une page délicate. Mais Valerie Jarrett, elle, demeure à leurs côtés, plus présente que jamais. « C'est l'une des personnes que nous consultons chaque fois que nous devons prendre une décision importante », confiait Michelle Obama.

Une anecdote exemplaire propagée par Jarrett et relayée par les Obama a contribué à bâtir une image de rigueur et d'intégrité autour du futur président. Jarrett se plaît à décrire le premier dîner qu'elle a partagé avec Michelle et Barack, son fiancé à l'époque. Michelle hésitait à accepter le poste que Jarrett lui proposait à la mairie, et, selon cette dernière, le couple s'inquiétait de savoir si elle avait déjà subi des pressions pouvant compromettre sa probité. « Je leur ai assuré que ce n'était jamais arrivé et que si ça survenait, je me sentirais à l'aise pour dire non[1]. » C'est un récit édifiant, sulpicien, mais qui comporte une part de vérité. Jarrett n'est pas Rezko et il est parfaitement exact qu'elle ne subit pas de pressions : elle

1. *Vogue*, octobre 2008.

en exerce. Elle possède une influence qui la rend incontournable et redoutée. Jarrett, proche de Rahm Emanuel, fournit les deux ingrédients qui vont assurer la victoire en 2008 : la stratégie et l'argent. Grâce à elle, Obama peut entrer en relation avec David Axelrod, le stratège en campagnes électorales, qui a la haute main sur la communication de Daley, le maire de la ville.

General Dynamics soutient Obama

Quand Jarrett démissionna en janvier 2009 de la présidence du centre médical de l'université de Chicago pour prendre ses fonctions à la Maison Blanche, elle fut remplacée par son ami James S. Crown. Jamais un nom n'a correspondu aussi précisément à la réalité. Les Crown (« couronne ») sont la famille régnante de Chicago. Le fondateur de la dynastie, Henry Crown, a créé avec Material Service Corp le plus important distributeur de matériel de construction au monde. La firme fusionna en 1959 avec le géant de l'armement General Dynamics, la société qui fabrique notamment des F16 et qui, de tous les fabricants d'armement, reste celui qui dépend le plus des contrats passés avec le Pentagone. La richesse de la famille est évaluée à 5 milliards de dollars et le fils du fondateur, Lester, âgé de quatre-vingt-trois ans, en est le patriarche. Son fils, James S. Crown, l'ami de Jarrett, possède une compagnie d'investissement, siège à la direction de JP Morgan, General Dynamics et Sara Lee.

Dès sa première rencontre avec Obama, il tomba sous le charme du futur président, comme l'ensemble de sa famille. Au point qu'il devint, durant la campagne présidentielle de 2008, le responsable de la collecte de fonds pour l'État de l'Illinois. Les Pritzker, l'autre dynastie influente de Chicago, se rallièrent avec le même enthousiasme. Les Pritzker sont les héritiers de la chaîne d'hôtels Hyatt.

Les deux familles vont se révéler d'efficaces bailleurs de fonds dès 2004, lorsque Obama choisit de se présenter au Sénat. Quand il fait part de sa décision à Valerie Jarrett, qui va diriger son comité financier, elle se montre d'abord sceptique : « Vous avez déjà perdu une fois, qu'arrivera-t-il si vous perdez de nouveau ? »

Sa première tentative, en 2000, avait abouti à un échec cuisant. Il lui fallut près de deux ans pour payer ses dettes. Steven S. Rogers, un ancien homme d'affaires, se rappelait l'avoir rencontré en 2001 sur un terrain de golf. « Au sixième trou, il m'a dit : "Steve, je veux me présenter au Sénat." Au neuvième trou, il m'expliquait qu'il avait besoin d'aide pour éponger ses dettes[1]. »

En 2004, sa campagne pour le poste de sénateur bénéficia cette fois d'un budget de 14 millions de dollars et James Crown, l'un des dix membres de la dynastie qui l'avait soutenu et financé, confia : « J'ai été pris par sa sensibilité, son intelligence, ses valeurs et la manière dont il s'est comporté durant cette campagne. »

Il triompha, mais lui qui se révélait un formidable « leveur de fonds » distillait des confidences

1. Christopher Drew et Mike McIntire, « After 2000 Loss, Obama Build Donor Network From Roots Up », *The New York Times*, 3 avril 2007.

ambiguës. Il évoquait le danger de cette course à l'argent en ajoutant qu'il ne pouvait pas affirmer que « ça ne m'altère pas de plusieurs manières ». Selon lui, le niveau le plus simple, celui des donations, « éliminait tout sens de la honte ». Ses propos soigneusement réfléchis visaient, avec une réelle habileté, à le faire passer pour un homme tiraillé entre les aspirations les plus nobles de la politique et les contingences financières qui y sont liées. Il ajouta que le temps consacré à courtiser de riches donateurs l'avait amené « à passer de plus en plus de temps au-dessus de la bagarre, éloigné des inquiétudes des électeurs ordinaires[1] ».

Un gros poisson

Des propos démentis par les faits. Tous ceux qui l'ont croisé ou côtoyé à Chicago durant cette période qui va de 2004 à l'élection présidentielle le décrivent parfaitement à l'aise avec ses riches supporters et cherchant au contraire à en agrandir le cercle.

Quelques poids lourds de la finance commencent à porter un regard intéressé sur ce jeune sénateur. C'est le cas du milliardaire Warren Buffet et du rapace président de Lehman Brothers, Richard Fuld. Son cercle rapproché comprend Jamie Dimon, président de Morgan, et James Rubin, le fils de l'incontournable Robert Rubin, qui, à trente-neuf ans, dirige un fonds de 5 milliards de dollars contrôlé par Morgan. Au sein de ce cénacle étroit, un homme brûle de

1. *Ibid.*

griller les étapes et compte sur Obama pour y parvenir. Le *Chicago Tribune* le décrit comme un « gros poisson [1] », mais aussi un poisson frétillant aux mouvements parfois désordonnés. Il dirige d'une poigne de fer le puissant fonds spéculatif Citadel qui a rapporté, en 2006, 1,4 milliard de dollars. Kenneth Griffin, âgé aujourd'hui de quarante ans, avait loué pour son mariage le château de Versailles et les festivités qui suivirent le déjeuner se déroulèrent au Petit Trianon avec, notamment, une représentation du Cirque du Soleil.

Il se voit certainement en Roi-Soleil du monde opaque des fonds spéculatifs, doté d'une ambition sans limites et d'un opportunisme qui s'exprime sans vergogne. En 2007, il avait convié Barack Obama à prononcer un discours au siège de son groupe et, dans les mois qui suivirent, il donna l'ordre à ses employés et à leurs familles de verser des dons pour la campagne du candidat démocrate. Selon le Center for Responsive Politics, un organisme indépendant qui surveille les financements électoraux, les sommes ainsi collectées se montèrent à près de 200 000 dollars. Griffin avait vérifié chaque don effectué.

À plusieurs reprises, ses agissements – mais personne ne le sut – auraient pu placer Obama en porte-à-faux. En campagne, le candidat démocrate évoquait un durcissement des règles commerciales appliquées à Pékin. Au même moment, Griffin et son groupe évitaient les lois existantes, en investissant des sommes importantes dans des sociétés implantées en Chine et qui fournissaient les auto-

1. John McCormick et Mike Dorning, « Big Fish Shadow Obama's Small Fry », *The Chicago Tribune*, 26 juillet 2007.

rités en matériel de surveillance et de répression à l'encontre de la population, alors même que des mesures d'embargo adoptées aux États-Unis interdisaient formellement ce type de transaction. Bien que basé à Chicago, Citadel, comme l'immense majorité des fonds spéculatifs, se jouait des lois et des mesures adoptées par les gouvernements avec une aisance encore beaucoup plus grande que celle des banques. Peu de contrôles pesaient sur eux et ils les contournaient aisément en opérant à travers des paradis fiscaux.

La richesse change de mains

La richesse et le pouvoir aux États-Unis ont changé de mains. Très exactement en 2007. Les patrons ou fondateurs d'entreprises industrielles ou technologiques occupaient jusqu'ici la tête du classement effectué par *Forbes Magazine*. En 2007, les responsables des fonds spéculatifs et privés arrivaient en tête pour la première fois. Les vingt dirigeants les mieux payés des fonds spéculatifs avaient touché une moyenne, en 2006, de 657,5 millions de dollars[1]. Ils détenaient, en 2007, plus de 1 000 milliards d'actifs mais, avec les effets de levier opérés, leurs positions réelles dépassaient les 3 000 milliards de dollars.

Un rapport du GAO, que j'ai entre les mains, révèle la tragique absence de règles et d'encadrement à leur égard. Une timide tentative ébauchée par la SEC pour exiger le simple enregistrement de ces fonds fut contestée devant la justice par les

1. Kevin Phillips, *Bad Money*, Penguin Books, 2009.

représentants de cette profession et amendée en 2006 par un tribunal fédéral. L'essence de leur activité, leur raison d'être, était la spéculation, même si elle s'exerçait contre les intérêts des États dont ils étaient issus.

Pourtant, les profits records qu'ils réalisaient ne semblaient pas encore suffisants. Le dirigeant de Citadel, Kenneth Griffin, incarnait cette insatisfaction.

Dès que Barack Obama se lança dans la course à la présidence, Griffin décida d'accroître la présence de son groupe à Washington. Il avait dépensé un an plus tôt 790 000 dollars en lobbying. Son objectif désormais était de combattre une proposition de loi qui prévoyait que les fonds spéculatifs, décidés à s'ouvrir au public, seraient soumis au niveau d'imposition le plus élevé appliqué aux sociétés. En juillet 2007, Griffin confia : « Je suis fier d'être américain, mais si l'impôt devient trop élevé, c'est une question de principe, je ne travaillerai plus aussi dur[1]. » Il ne fallut que trois mois à Citadel et au lobby des fonds spéculatifs pour torpiller définitivement le projet de loi.

Les responsables de ces fonds, en grande partie grâce à l'entregent de Griffin, rallièrent massivement le candidat démocrate. Les chiffres arrêtés au terme de la campagne révélèrent que 81 % de tous les fonds spéculatifs américains avaient financé Obama. Stephen Brown, professeur de finance à l'université de New York, estimait en pleine campagne que ces fonds « manifestaient un

1. Matthew Mosk et Alec MacGillis, « Big Donors Among Obama's Grass Roots », *The Washington Post*, 11 avril 2008.

intérêt très important à pouvoir devenir impliqués dans les processus politiques, et c'est réellement toute l'histoire qui sous-tend leur soutien à Obama. D'après leurs analyses – et ils possèdent de bons analystes – Obama sera vraisemblablement vainqueur et c'est pour eux un gros avantage d'avoir à travers lui une voix forte[1] ».

Nous élisons un président et ses réseaux

Rick Marshall, analyste pour Corporate Library, un groupe de recherche et de surveillance spécialisé dans la gouvernance des entreprises, soulignait avec pertinence : « Nous n'élisons pas juste notre président, nous élisons ses réseaux[2]. »

À Chicago, les cent personnalités les plus riches et les plus influentes de la ville avaient rallié depuis le début Barack Obama, ne laissant aucune chance à celle qui était la véritable enfant du pays : Hillary Clinton. Elle était née et avait grandi dans un faubourg de Chicago, et pourtant sa ville natale n'avait d'yeux que pour son concurrent. « Obama, me confia un des collaborateurs de campagne de Hillary, avait totalement asséché le plan d'eau. En matière de financement, nous pouvions juste laper les quelques gouttes qui ne s'étaient pas encore évaporées. »

L'équipe de campagne d'Obama évoquait constamment les centaines de milliers de petits donateurs qui permettaient de forger sa légende.

1. *Ibid.*
2. Carol Eisenberg, « Chicago's top 100 : from the Nation Heartland to Washington », http://news.muckety.com, 22 mai 2008.

Pourtant, la médaille avait un revers : ses partisans fortunés. Penny Pritzker, l'héritière et présidente du groupe Hyatt, qui siégeait également à la direction de Bank of America, présidait son comité financier. Un autre proche, le milliardaire Neil Bluhm, s'efforçait d'obtenir des licences pour ouvrir des casinos, alors même qu'Obama critiquait le jeu « pour son coût social et immoral ». On pouvait également compter dans ce groupe le président de McDonald's, et John Rogers, le fondateur du puissant fonds d'investissement Ariel, très proche de Valerie Jarrett et de Craig Robinson, le frère de Michelle Obama. Les deux hommes avaient été des joueurs de basket professionnels talentueux avant de se lancer avec succès dans les affaires. Rogers allait se révéler un des plus solides soutiens financiers d'Obama.

Les Crown se tenaient en rang serré derrière le candidat démocrate et l'aîné, Lester, affirmait que jamais sa famille et le futur président n'avaient évoqué, même une seule fois, General Dynamics.

Le fabricant d'armement contrôlé par la famille dépend toujours, pour les deux tiers de ses ventes, des contrats conclus avec le Pentagone. La guerre en Irak avait dopé ses bénéfices mais l'opposition, ouvertement affichée, d'Obama à cette guerre n'inquiétait pas le moins du monde Crown ; celui-ci estimait que cette hostilité au conflit irakien ne signifiait pas pour autant que le futur président accepterait que les forces armées soient médiocrement équipées. « Ceux qui travaillent dans l'industrie de la défense, dit-il, sont concentrés sur la défense nationale. Cela ne signifie pas que nous voulons combattre dans des guerres. » Les Crown avaient vendu la division de General Dynamics qui fabriquait les avions de chasse F16 mais, selon l'argument longtemps exposé sur son site[1], la firme est devenue « le fournisseur préféré au monde pour la production, le développement et le soutien des systèmes de combats terrestres et amphibies ». Sa « ligne de produits » se décline des véhicules blindés aux canons et munitions, en passant par les sous-marins et navires de combat qu'elle équipe en software et hardware.

Sa division aérospace fabrique, sous la marque Gulfstream, des jets privés et le dernier-né, le 650, constitue la fierté des dirigeants. Il surclasse tous les autres appareils de la marque par l'étendue de son rayon d'action, sa vitesse et les dimensions de sa cabine, qui en font le plus gros des jets d'affaires. Il peut, selon la présentation faite par le fabricant, « voler à une altitude maximum de 15 000 mètres, ce qui permet d'éviter l'encombrement des couloirs aériens et une météo hostile[2] ».

Je ne comprends pas ces calomnies

Un épisode embarrassant, survenu peu après l'élection de Barack Obama, prouve que l'alliance tissée autour de lui par ces généreux donateurs peut aboutir à d'étranges accords passés entre eux. Il existe des liens étroits entre la famille Crown et Jamie Dimon, patron de JP Morgan et banquier préféré d'Obama. Le 23 mars 2009, ABC News[3] révèle que Morgan vient d'acheter à Gulfstream

1. www.generaldynamics.com
2. *Ibid.*
3. Megan Chuchmach, Brian Ross, Joseph Rhee, « JP Morgan Chase to Spend Millions on New Jets and Luxury Airport Hangar », ABC News, 23 mars 2009.

deux jets 650 pour un montant de 120 millions de dollars, auxquels s'ajoutent 18 millions de dollars consacrés à la rénovation du hangar chargé de les abriter, à l'aéroport de Westchester, à l'écart de New York. Il s'agit d'une nouvelle surprenante, choquante même, alors que les banques à l'origine de la crise que traversent l'Amérique et le monde exigent une aide massive de l'État. JP Morgan a obtenu 25 milliards de dollars, versés par le plan de sauvetage. Et beaucoup se demandent si cet argent n'a pas été en partie utilisé pour l'achat des appareils. Le porte-parole de la banque, Joseph Evangelisti, réfute cette hypothèse en ajoutant que l'argent des plans de sauvetage sera remboursé avant même le règlement des avions.

Les 18 millions consacrés à la rénovation et à l'agrandissement du hangar qui va abriter les quatre jets appartenant à JP Morgan, dont les deux 650, prévoient l'utilisation de bois, de tuiles, ainsi que l'aménagement d'un jardin sur le toit. Ces choix, ou plutôt ces caprices, révèlent l'incroyable indifférence de Jamie Dimon pour le contexte de crise qui règne. En 2008, selon la SEC, il a touché plus de 19 millions de dollars en salaires, actions et bonus.

Le 11 mars 2009, face aux critiques sur ces dépenses se chiffrant à 138 millions de dollars, il réplique : « Quand j'entends ces calomnies constantes contre l'entreprise Amérique, moi personnellement, je ne comprends pas[1]. » Il ne comprend certainement pas davantage l'embarras dans lequel il met son ami, le président Obama, qui a déclaré un mois plus tôt, en février : « Les

1. *Ibid.*

jours où les dirigeants des banques volaient en jet privé sont révolus. »

Au terme de la campagne présidentielle de 2008, une évidence sautait aux yeux : Wall Street n'avait pas suivi la victoire, il l'avait favorisée. Les chiffres montrent clairement qu'Obama a bénéficié auprès des banques d'un net avantage financier sur tous ses adversaires. Goldman Sachs incarne la transition avec l'administration précédente. Ses dirigeants et ses employés ont donné au total 981 000 dollars à la campagne d'Obama.

Ce dernier a patiemment, efficacement tissé un réseau qui englobe les hommes à la tête de l'industrie financière, lesquels avaient tous besoin d'être rassurés sur un point : poursuivra-t-il les efforts engagés par le plan Paulson ? La réponse sera immédiate et affirmative. Trois jours après l'abandon d'Hillary Clinton, le candidat déclare sur CNBC : « Regardez, je suis un pro-croissance, un type qui aime le libre marché. J'aime le marché[1]. »

Plus de 70 % des établissements financiers n'avaient pas seulement soutenu Obama, ils l'avaient choisi, face au candidat républicain, John McCain, jugé trop imprévisible.

Dès son arrivée à la Maison Blanche, Valerie Jarrett se voit confier le rôle d'officier de liaison avec les milieux financiers. Elle se lève quotidiennement à 4 h 30 et arrive à son bureau à 7 heures. Pendant le travail, elle appelle Obama « Monsieur le Président », et en privé « Barack ». Elle a représenté la nouvelle administration au Forum économique mondial de Davos ; chaque matin, elle

---

1. John Harwood, CNBC, 10 juin 2008.

assiste au briefing économique quotidien qui se tient dans le Bureau ovale en présence de Lawrence Summers et Tim Geithner. Et peut-être ressent-elle déjà toute la fragilité et l'équivoque de sa position. Elle est chargée des relations avec les milieux financiers, alors que ceux-ci ont investi en nombre la Maison Blanche.

Summers, qui incarne à lui seul Wall Street, tient le rôle de chef d'orchestre. Il est entouré de Michael Froman, conseiller adjoint à la Sécurité nationale pour les affaires économiques internationales, qui a quitté Citigroup avec 7,5 millions de dollars dont près de 3 millions correspondaient à un bonus d'une année. Citigroup a reçu 45 milliards de dollars dans le cadre du plan de sauvetage et plus de 300 milliards de dollars de garanties gouvernementales pour ses dettes toxiques.

Durant sa campagne, Barack Obama avait blâmé Hillary Clinton pour avoir accepté de siéger à la direction de Wal Mart, le premier groupe mondial de distribution. « Moi, avait-il ajouté sèchement, je ne vais pas y faire mes courses. » Wal Mart était un groupe réputé pour l'ampleur de ses bénéfices et la dureté de sa politique salariale. Mais les propos d'Obama relevaient de la démagogie. Sa femme, Michelle, siégeait au conseil de direction de Treehouse Foods, une des filiales de Wal Mart dont elle démissionna au moment de son élection. Le chef de ses conseillers économiques durant la campagne, Jason Furman, âgé de trente-sept ans, se présentait comme un des plus irréductibles défenseurs du géant de la distribution. Une « success story progressiste », selon lui, alors que les critiques qui lui étaient adressées « représentaient, elles, une réelle menace[1] ». Furman était un disciple et un proche de Robert Rubin.

Thomas E. Donilon, le conseiller adjoint pour la Sécurité nationale, avait perçu 3,9 millions de dollars comme associé du puissant cabinet d'avocats O'Melveny and Myers LLP, qui comptait parmi ses clients Goldman Sachs, Citigroup ainsi que l'héritière des hôtels Hyatt, Penny Pritzker. Gregory Graig, le conseiller juridique de la Maison Blanche, avait reçu en 2008 1,7 million de dollars du cabinet de Washington, William and Connoly, qui travaillait également pour de nombreuses banques.

Des nominations déconcertantes

Certaines nominations se révélaient beaucoup plus déconcertantes encore. Elles constituaient une étrange promotion accordée à des financiers millionnaires dont les agissements étaient à l'origine de la crise. C'était notamment le cas pour Louis Caldera, nommé directeur du bureau militaire de la Maison Blanche, après avoir dirigé la banque californienne Indy Mac, la première à être tombée en faillite pour avoir trop spéculé sur les subprimes avant d'être renflouée par le gouvernement. Davis Stevens, nommé à la tête de l'administration fédérale du logement, avait présidé Long and Foster, une société de courtage immobilier, avant de devenir un des dirigeants de Freddie Mac jusqu'au moment de son effondrement.

1. Naomi Klein, « Obama's Chicago Boys », *The Nation*, 12 juin 2008.

Quant à Neal Wolin, le conseiller adjoint du président pour la politique économique, il était un des responsables du géant de l'assurance Hartford Financial Services où son salaire était de 4,5 millions de dollars.

Deux nominations au « tour extérieur » semblaient encore plus surprenantes. Robert Wolf, président d'UBS Amérique, fut nommé au Conseil consultatif pour la reprise économique, présidé par Paul Volcker, l'ancien président de la Fed. Wolf avait rencontré le futur président américain en 2006, lors d'une réunion organisée par le financier George Soros, propriétaire de fonds spéculatifs. Très proche de Jamie Dimon, Wolf était devenu, pendant la campagne présidentielle, un conseiller incontournable d'Obama. Sa nomination survenait au moment où la partie de bras de fer entre le ministère de la Justice américain et le groupe UBS se durcissait. L'enjeu : l'identité de 52 000 clients américains d'UBS qui, grâce à la banque, avaient pu frauder le fisc en ouvrant des comptes en Suisse. Selon le journal de Zurich *Sonntag Zeitung*, qui s'appuyait sur des documents en sa possession, la fraude avait été « systématique ». Le journal apportait la preuve que les dirigeants actuels d'UBS connaissaient ces pratiques d'évasion fiscale, contraires aux accords signés avec les autorités américaines.

Quoi qu'il en soit, la nomination, par Obama, de Robert Wolf à un poste même honorifique n'apparaissait ni judicieuse ni fondée. Tout comme celle de Martin Feldstein, invité à participer à la commission présidentielle chargée de réformer les impôts et, notamment, de « simplifier le code des impôts et de lutter contre l'évasion fiscale[1] ». Feldstein a un passé respecté de professeur d'économie à Harvard, mais depuis quelques années – et c'est ce qui rend sa désignation malencontreuse et même scabreuse –, il siège à la direction d'AIG. Le géant de l'assurance, renfloué à hauteur de plus de 180 milliards de dollars par le gouvernement, lui intente un procès pour récupérer 61 millions de dollars d'impôts. Cette réalité choquante s'accompagne d'enquêtes en cours pour évaluer l'ampleur du système d'évasion fiscale mis en place par la filiale britannique d'AIG, alors même que la commission Feldstein est supposée combattre ce fléau. Feldstein accepta cette nomination présidentielle à condition de pouvoir demeurer à la direction d'AIG.

Le monde financier semblait fermement décidé à peser de toute son influence pour faire évoluer à son avantage ces dossiers délicats à odeur de scandale et c'est une réalité avec laquelle le nouveau président, probablement malgré lui, allait devoir compter.

1. CNN, 28 mars 2009.

18

Le 27 mai 2009, la Réserve fédérale américaine divulgue les résultats des « tests de résistance » auxquels elle a soumis les dix-neuf plus grands établissements financiers du pays. L'administration Obama compte sur leur publication pour restaurer la confiance dans les marchés et convaincre l'opinion que la situation économique s'améliore. Les chiffres annoncés semblent sortis tout droit du monde imaginaire et merveilleux de Lewis Carroll. Dix établissements vont devoir lever encore 74,6 milliards de dollars de fonds propres pour résister à la crise, les réserves détenues par les neuf autres étant considérées comme tout à fait suffisantes. Des résultats qui tranchent avec toutes les prévisions, beaucoup plus pessimistes. À la fin du mois d'avril, le FMI estimait que les banques américaines auraient besoin de 275 milliards de dollars de capitaux supplémentaires d'ici à 2010 pour assainir leurs comptes.

Les résultats des tests ont fait l'objet de plusieurs reports qui m'ont intrigué. Pour l'ancien responsable de Lehman Brothers rencontré à New York, ces retards s'expliquent par « la colère des banques furieuses devant les résultats des tests, mauvais naturellement, comment pourrait-il en être autrement alors que certains établissements sont techniquement insolvables ? Vous connaissez la formule " il faut être deux pour danser le tango ". En l'occurrence, les banques ressemblent à une jeune fille, je sais que c'est difficile à imaginer, qui pose des conditions à son soupirant avant d'accepter d'aller danser ». En fait, avait-il ajouté, « c'est un rapport de forces dont les banques ne peuvent que sortir vainqueurs. La Fed et le ministère des Finances ne disposent pas d'experts suffisamment compétents et en nombre suffisant pour conduire ce genre d'examen ; de plus, les critères choisis pour ces évaluations et les actifs retenus étaient discutables. Enfin, le secteur financier connaissait parfaitement la vulnérabilité de son interlocuteur : tous les pouvoirs politiques sont obsédés par l'idée de pouvoir annoncer des nouvelles rassurantes à leur opinion ».

Cette lenteur cache un véritable affrontement qui se déroule en coulisse. La diversion opérée par Tim Geithner le 22 avril, affirmant que « la grande majorité des banques pouvaient être considérées comme bien capitalisées », n'y change rien.

Geithner accepte de réduire les montants des pertes

Le résultat final indique que Bank of America a besoin d'être recapitalisée à hauteur de 33,9 milliards de dollars, Wells Fargo-Wachowia de 14 (ou 15) milliards de dollars, Citigroup, de 5 milliards, Morgan Stanley, de 1,5 milliard. Goldman Sachs et JP Morgan faisant partie des neuf établissements considérés comme dotés d'une capitalisation suffisante pour affronter une nouvelle crise.

Des fuites survenues après la publication révèlent que les banques ont exigé que le montant des pertes réellement découvert soit nettement revu à la baisse. À deux reprises, Tim Geithner reçoit les responsables des établissements concernés et accepte de réduire d'un trait de plume les montants de recapitalisation envisagés. Selon les informations publiées le 9 mai par le site du *Wall Street Journal*, Bank of America, soudain, n'a plus besoin de 50 milliards de dollars (réduits à 33,9) ni Citigroup de 35 milliards de dollars (réduits à 5). Chacun des deux établissements a encaissé 45 milliards de dollars d'aide publique.

Ces résultats en trompe l'œil cachent une réalité encore beaucoup plus préoccupante. Selon un document confidentiel rédigé par la Fed et dont le *Wall Street Journal* a pu prendre connaissance [1], les « tests de résistance » révélaient que les banques américaines risquent fort d'essuyer en 2010 des pertes beaucoup plus importantes que prévu. Les projections indiquent que si le taux de chômage atteint 10,3 % à la fin 2010 – il frôle déjà les 10 % –, les banques auront à calculer deux années de pertes supérieures à 8,5 % pour leurs portefeuilles d'emprunts immobiliers (*first lien*), à 11 % pour leurs lignes de crédit concernant les Home Equity, à 8 % pour les prêts industriels et commerciaux, 12 % pour les prêts concernant

---

1. Deborah Solomon et Damian Paletta, *The Wall Street Journal*, 22 avril 2009.

l'immobilier commercial et 20 % pour les porte-feuilles liés aux cartes de crédit.

Des montants considérables, chiffrés par une étude exhaustive que j'ai eue entre les mains, publiée par la société d'investissement new-yorkaise Westwood Capital. Elle évalue les pertes futures de treize banques, dont Citigroup et Bank of America, mais aussi JP Morgan et Goldman Sachs, à 240,2 milliards de dollars, soit 56 % de leur capital Tier 1 (une évaluation du capital liée aux risques représentés par les actifs détenus).

La note de Westwood conclut que ces chiffres « très perturbants » restent pourtant inférieurs aux projections que vient de publier le FMI[1]. « Il faut se rendre à l'évidence, écrivait dès février Martin Wolf dans le *Financial Times*, trop d'établissements financiers américains sont insolvables. » Et d'ajouter : « Tout rachat d'actifs toxiques est une façon inefficace, inutile et injuste de sauver des établissements financiers insuffisamment recapitalisés. »

Un jugement qui laisse totalement indifférents les opérateurs financiers. Ils ont retrouvé leurs vieux réflexes, et leurs mauvaises habitudes, et s'engagent de nouveau dans la même course au profit immédiat. Avec les mêmes armes, celles-là mêmes qui ont provoqué la crise : les dérivés. Selon la Banque des règlements internationaux à Bâle, ils se montaient à la fin de l'année 2007 à près de 600 000 milliards de dollars (soit dix fois le produit national brut de tous les pays de la planète réunis)[2].

En mai, Tim Geithner ébauche l'esquisse d'un plan de régulation de ces « dérivés ». En appre-

---

1. Daniel Alpert, *Managing Director, Investment Bank West-wood Capital*, 2009.
2. *Quarterly Review of the BIS*, p. A 103, 2008.

nant la nouvelle, un banquier de la City qui prospère sur ces produits prépare une réplique indignée qu'il compte faire parvenir à un groupe de pression. Puis il prend connaissance du texte et hoche la tête en murmurant : « Ce qu'a écrit Geithner n'est pas si mal. »

Encore une fois, l'équivoque régnait. Pour Christopher Whalen, un analyste financier, « en dépit de l'apparence de réforme, la proposition du ministère des Finances laisse toujours fermement le marché des dérivés entre les mains de grandes banques vendant ces produits. Sans les gains excessifs réalisés par JP Morgan et d'autres vendeurs de dérivés, les plus grandes banques ne pourraient pas survivre[1] ».

Elles se comportent avec la même impudence. Les dirigeants de Goldman et JP Morgan se vantent des concessions qu'ils ont obtenues à propos des tests de résistance. En pleine crise, alors qu'il venait de recevoir plusieurs milliards de dollars d'aide publique, Goldman Sachs avait encore emprunté 5 milliards de dollars pour les salaires et bonus de ses dirigeants.

« *Pourquoi des types comme Geithner sont-ils toujours là ?* »

Le 18 mars 2009, quarante-deux membres du Sénat et de la Chambre des représentants envoyèrent une lettre indignée à Jamie Dimon, dont l'établissement détient d'importantes participations dans de nombreuses sociétés.

1. Gillian Tett, Aline Van Duyn et Jeremy Grant, « Let Battle Commence », *The Financial Times*, 20 mai 2009.

Cher Monsieur Dimon,

Nous sommes indignés par les actions potentielles de votre compagnie visant à délocaliser des dizaines de milliers d'emplois américains autant que par vos commentaires tenus jeudi devant la Chambre de commerce des États-Unis. Nous aimerions vous rappeler que les contribuables américains ont donné 25 milliards de dollars à votre compagnie, pour aider à stabiliser notre économie et non pas pour transférer des emplois à l'étranger.

Hier encore, vous indiquiez que la « calomnie constante de l'entreprise américaine par nos officiels est ce qui nuit à notre pays ». Ces propos ont été tenus moins de 72 heures après que des rapports remontés à la surface indiquaient que votre compagnie prévoyait de dépenser près de 400 millions de dollars pour des emplois délocalisés en Inde […]. JP Morgan Chase n'est pas la victime d'une constante calomnie mais sera considérée et critiquée à partir d'actions comme cette politique de délocalisation. 651 000 Américains ont perdu leurs emplois en février [2009], 3,8 millions d'Américains ont perdu leur travail au cours des douze derniers mois. Chaque jour, 21 000 hommes et femmes, en moyenne, reçoivent un avis de licenciement avec la peur d'un avenir économique incertain. Comment ces travailleurs américains, dont beaucoup sont vos consommateurs, peuvent-ils espérer en un avenir meilleur quand les compagnies qu'ils ont aidées à travers le Troubled Assets Relief Programm [plan de sauvetage mis en place par Paulson] délocalisent des emplois dont ils ont désespérément besoin ?

Un article publié dans *The Economic Times of India* déclarait, presque enthousiaste, que « JP Morgan est une des premières banques aux États-Unis depuis la tourmente bancaire à pratiquer " le dégraissage " dans sa stratégie de délocalisation ». C'est un domaine où votre institution devrait avoir honte d'être en tête. Vos actions seront guettées et peut-être suivies par d'autres institutions du secteur financier. Des évolutions de cette nature nous concernent et seront suivies de près[1]. »

The Economic Times of India donnait en 2008 la parole à la présidente pour l'Inde de JP Morgan : « Nous avons un fonds de un milliard de dollars destiné à investir dans des compagnies indiennes. Nous avons engagé près de la moitié de ce montant dans l'immobilier, le domaine des infrastructures, les secteurs financiers et manufacturiers[2]. »

L'indifférence avec laquelle les banques poursuivaient ces pratiques contrastait avec l'indignation croissante qui montait dans l'opinion. La journaliste britannique Gillian Tett qui avait parcouru les États-Unis au moment où Geithner présentait son plan sur les dérivés décrivait cette véritable colère : « Cela révèle au moins trois choses. Premièrement – et c'est compréhensible –, les Américains ordinaires sont furieux de l'incompétence et de l'avidité de Wall Street. Deuxièmement, ce qui les rend doublement furieux est la perception que des innovations telles que les crédits dérivés n'ont pas apporté de réels bénéfices

1. *The Progress Illinois* et *The Huffington Post*, 18 mars 2009.
2. *The Economic Times of India*, 28 octobre 2008.

économiques au cours des récentes années. Troisièmement, pour beaucoup d'Américains, des hommes comme Tim Geithner paraissent presque aussi coupables à leurs yeux du gâchis actuel que les banquiers de Wall Street. " Pourquoi des types comme Geithner sont-ils toujours là ? " m'a-t-on fréquemment répété. " Ils devraient être flanqués dehors, ne pas rester en poste "[1]. »

Le 3 juin 2009, la FDIC (Federal Deposit Insurance Corporation), l'agence fédérale en charge de la garantie des dépôts bancaires, annonce qu'elle annule la première étape du plan Geithner, prévoyant le rachat des actifs toxiques. Ce programme lancé en avril « dans le but de nettoyer les bilans des banques de créances douteuses » devait commencer avec un premier volet de un milliard de dollars. Cet échec s'explique par le refus de nombreux établissements de vendre leurs titres, notamment pour éviter d'être obligés de réévaluer à la baisse la valeur de leur portefeuille. Selon le *New York Times*, le prix de ces actifs toxiques réclamé par les établissements financiers restait beaucoup trop élevé, en comparaison de ce que les investisseurs étaient prêts à payer.

Malgré les conditions extrêmement favorables qui leur sont consenties, les banques rejettent implicitement le plan du ministre des Finances et indiquent très clairement les limites qu'elles ne veulent pas voir franchies par l'État : oui à une aide sans condition, non à la moindre initiative qui pourrait constituer une ingérence dans nos affaires et révélerait l'état réel de nos comptes.

1. Gillian Tett, « Big Steps to Reform Wall Street », *The Financial Times*, 14 mai 2009.

« *Une culture de l'irresponsabilité* »

En juin 2009, Barack Obama présente un projet de plan de régulation du secteur financier. « Une culture de l'irresponsabilité, déclare-t-il à cette occasion, a pris racine de Wall Street à Washington pour ensuite gagner la population. Et le régime de régulation façonné dans le sillage d'une crise économique du XXe siècle – la Grande Dépression – a été écrasé par la vitesse, l'ampleur et la sophistication d'une économie globale comme celle du XXIe siècle [1]. »

Les propos sont forts, mais l'instrument choisi pour « contrôler les sociétés dont la faillite pouvait mettre en danger le système bancaire » surprend et laisse sceptique. Il s'agit de la Federal Reserve.

L'énoncé du projet souligne que les responsables des agences fédérales ont attendu jusqu'en décembre 2005 pour « proposer d'avertir » les consommateurs sur les dangers représentés par les subprimes. Et cette « proposition d'avertissement » s'était concrétisée en juin 2007 seulement, au moment même où l'hécatombe engendrée par ces crédits était à son maximum.

Cette culture du secret et de la dissimulation est parfaitement incarnée par la Fed qui communique si mal avec la nation mais si bien avec Wall Street. William Greider l'a perçu quand il écrit : « Demander à une banque centrale cloîtrée de résoudre toutes les questions explosives découlant

1. Tom Braithwaite et Francesco Guerrera, « Us Group Face Regulatory Revamp », *The Financial Times*, 17 juin 2009.

des pouvoirs croissants des institutions financières équivaut à jeter le problème dans une boîte noire et à en refermer le couvercle, pour que les gens soient incapables de savoir ce qui se passera ensuite[1]. »

Cette idée émane de Lawrence Summers qui, selon des témoins présents aux réunions, « fascine » par son brio le président américain. La Fed est le pire choix pour la démocratie et le meilleur pour l'industrie financière. Celle-ci contrôle étroitement son action mais, en contrepartie, les élus du peuple rassemblés au sein du Sénat et de la Chambre des représentants ne disposent d'aucun droit de regard sur le fonctionnement et les choix de la Banque centrale.

La crise a suscité un mécontentement croissant au Congrès quant à ce « privilège du secret » invoqué avec une certaine morgue par la Fed. La présidente de la Chambre des représentants, la démocrate Nancy Pelosi, avait même déclaré : « Le fait est que le peuple américain veut en savoir plus sur "les secrets du temple". » Et elle ajoutait : « S'ils en apprennent davantage, je garantis que le choc et la crainte se transformeront en indignation. »

William Greider avoue qu'à la lumière de la crise, il a « compris que le pouvoir des titans financiers et de leurs amis au sein de la Fed dépendait de manière cruciale de l'ignorance du public[2] ».

Plusieurs faits renforcent la colère d'une majorité du Congrès à l'encontre de la Fed. D'abord,

1. William Greider, « Obama's False Fiscal Reform », *The Nation*, 9 juin 2009.
2. *Ibid*.

son refus persistant de révéler les noms des établissements qui ont bénéficié de 2 000 milliards de dollars de prêts supplémentaires. Les sénateurs et les membres de la Chambre des représentants ont le sentiment que le vote des 700 milliards d'aide aux banques du plan Paulson a servi en réalité à détourner leur attention de cette opération. L'exécutif américain semblait traiter avec désinvolture le pouvoir législatif, la Fed, elle, témoignait à son encontre d'un mépris silencieux.

Toutes les décisions paraissent avoir été prises derrière des portes closes. Les informations sur les événements à l'origine de la crise filtrent enfin et révèlent l'ampleur de la complaisance dont la Fed a témoigné envers des banques amies. Ainsi l'effondrement, en mars 2008, de la cinquième banque d'investissement, Bear Stearns, puis son rachat par JP Morgan Chase prenaient soudain un nouvel éclairage. Jamie Dimon voulait prendre le contrôle de son rival et sa position à la direction de la Fed de New York aux côtés de Tim Geithner avait grandement facilité l'opération, approuvée par Paulson. Mais il y avait plus : JP Morgan proposa pour le rachat un prix si bas qu'il suscita une véritable rébellion des actionnaires qui réclamèrent une augmentation. « Dimon, selon le cadre dirigeant de Morgan Stanley que j'ai rencontré, se rendait compte que la faillite de Bear Stearns pouvait être une catastrophe mais également une formidable opportunité pour lui. » Quand il fut prévenu de la fronde des actionnaires, il dînait dans un restaurent grec, l'Avra, sur la 48e Rue, à proximité de son bureau, en compagnie de plusieurs membres de sa famille. L'annonce de la reprise de Bear par Dimon avait provoqué une hausse de 10 % de l'action de JP Morgan. Tous les regards convergeaient vers son président qui faisait l'objet des commentaires élogieux de *Bloomberg Markets* : « Dans un Wall Street ébranlé par la crise, c'est Dimon, le petit-fils d'un immigré grec, qui est dans la finance moderne ce qu'il y a de plus proche d'un homme d'État[1]. » Plus prosaïquement, Andrew Bary écrivait dans le magazine économique *Barron's* : « Dimon a réussi le coup de sa carrière. » En reprenant Bear Stearns, financièrement mal en point, il mettait la main sur un véritable trésor : le siège de la firme sur Madison Avenue, à Manhattan, était évalué à plus de 1,5 milliard de dollars; ses activités de *clearing* avaient rapporté, en 2007, 566 millions de dollars avant impôt. Enfin, le prix proposé pour l'acquisition, 2 dollars l'action, était dérisoire, alors que l'action Bear, quelques mois auparavant, valait encore plus de 90 dollars. Personne n'ignorait que Morgan avait précipité la chute de Bear, mais les propos tenus par Jamie Dimon pour justifier cette acquisition étaient empreints d'une hypocrisie qui choqua tous ceux qui suivaient cette affaire. « Le choix de JP Morgan, avait-il déclaré, repose sur deux choses : la première est que nous pensions – et j'en avais parlé de manière approfondie à mon conseil de direction – que nous avions l'obligation de faire de notre mieux pour aider les États-Unis d'Amérique [...]. Nous avions une obligation qui n'était pas simplement " partons ". Il m'aurait été extrêmement facile de prendre le téléphone, de finir mon verre et d'oublier tout ça. Mais ce dossier

1. William D. Cohan, *House of Cards*, op. cit.

avait également un sens pour nos actionnaires. »
Cette dernière phrase était la seule qui fût sin-
cère et l'affaire ressemblait à une victoire de
l'étrangleur ottoman.

« Ça me semble élevé »

Les responsables et actionnaires de Bear
s'attendaient à un rachat sur une base de 10 dollars l'action, montant qu'ils jugeaient déjà faible.
« Entendre, confia l'un d'eux, qu'on nous proposait en réalité 2 dollars, c'est un vol. » Dimon
répliqua : « Je dis aux gens qu'il existe une différence entre acheter une maison et une maison en
feu. » Il pouvait compter sur le soutien d'Henry
Paulson. Une conférence téléphonique entre le
ministre des Finances, Tim Geithner, et Dimon
s'était tenue au moment où l'offre de rachat de
Bear devait être officialisée. Dimon confia à ses
interlocuteurs qu'il souhaitait proposer 4 ou 5 dollars par action. « Ça me semble élevé, avait
répliqué Paulson, je pense que la transaction
devrait se faire à un prix très bas. » Et quand
Rodgin Cohen, l'avocat du cabinet Sullivan &
Cromwell, chargé de finaliser la vente, s'étonna de
l'offre à 2 dollars, un des adjoints de Dimon lui
répondit : « C'est le gouvernement qui insiste. »
Les actionnaires mirent en échec cette stratégie
et obtinrent 10 dollars par action. En contrepartie,
la Fed accorda un cadeau royal à Dimon. Elle
s'engageait à prendre en charge toutes les pertes
au sein de Bear Stearns qui dépasseraient
le prêt de 29 milliards. La décision appliquée par
Bernanke et Geithner avait été prise par Paulson.

L'argent des contribuables américains servait désormais non seulement à réparer les erreurs colossales et les trous béants creusés par les opérations des firmes « rapaces », mais également à financer leur politique de rachats.

Un homme, intègre et respecté, allait violemment critiquer ces manœuvres : Paul Volcker, l'ancien président de la Fed et de la Banque mondiale. Le 8 avril 2008, il déclara devant le Club économique de New York : « Des pouvoirs étendus ont été exercés d'une manière qui n'est ni naturelle ni confortable pour une Banque centrale[1]. »

Une culture du silence et du mensonge

La colère du Congrès contre les agissements de la Fed se double d'un profond embarras envers les concessions qu'il a consenties au puissant lobby bancaire qui compte plusieurs membres influents parmi les élus. La suppression du *mark-to-market* en fut une illustration saisissante. Cette règle exigeait des banques qu'elles attribuent à leurs actifs une valeur basée sur l'évaluation que leur conférait le marché. Le lobby bancaire réussit à convaincre le Congrès que cette règle contribuait à réduire considérablement la valeur de leurs actifs et leur interdisait de consentir davantage de prêts. Le Financial Accounting Standard Board (FASB), chargé d'édicter les règles financières, succomba à son tour aux pressions du Congrès et accepta de modifier les règles du *mark-to-market*. Désormais, des règles strictes sont remplacées par

1. William Cohan, *op. cit.*

un « jugement significatif » qui permet aux banques d'octroyer à leurs actifs une valeur totalement déconnectée des critères du marché.

Cette décision contribua à accroître la crise et la panique. La culture du silence et de la dissimulation pratiquée par les établissements bancaires se transformait en une culture du silence et du mensonge. Le nouveau système favorisait tous les abus. Une banque dont la capitalisation sur le marché était de 7,4 milliards de dollars prétendait détenir des actifs d'une valeur de 11,5 milliards de dollars et s'appuyait, pour renforcer sa démonstration, sur les notes élevées que les agences de notation attribuaient aux dérivés qu'elle détenait. Ces chiffres gonflés et truqués accentuaient le peu d'importance accordé à la réalité et à l'éthique.

Barack Obama n'avait pas seulement hérité d'un pays en crise, où ses soutiens financiers ne pensaient qu'au maintien de leurs privilèges. Il était également à la tête d'un système dépourvu de toute visibilité où les indices statistiques avaient été volontairement faussés.

En novembre 2003, Austan Goolsbee publia dans le *New York Times* un article intitulé « Le mythe du chômage[1] ». Professeur à l'université de Chicago, Goolsbee est aujourd'hui le seul conseiller économique de Barack Obama à n'avoir aucune attache avec le monde financier. Son analyse rédigée en 2003, profondément corrosive, demeure d'actualité. Il expliquait que le niveau de chômage de 6 % en 2003 ne reflétait absolument pas la réalité. « En d'autres termes,

1. Austan Goolsbee, « The Unemployment Myth », *The New York Times*, 30 novembre 2003.

écrivait-il, le gouvernement a falsifié les comptes d'une manière très simple. À la fin des années quatre-vingt et au début des années quatre-vingt-dix, le Congrès avait assoupli les règles permettant de recevoir des allocations pour handicap ou infirmité. Les bénéficiaires disparaissaient des statistiques du chômage, reclassés comme " n'appartenant pas à la force de travail ". »

L'arrivée de la récession, à la fin des années quatre-vingt-dix, avait vu, entre 1999 et 2003, une augmentation de plus de 50 % du nombre de ces bénéficiaires de pensions d'invalidité, soit plus d'un million de personnes soustraites aux statistiques du chômage et vivant dans les limbes de la comptabilité publique. Comme l'écrivait Goolsbee, leur maintien dans les chiffres du chômage « aurait aidé à posséder un tableau plus précis du chômage au niveau national, un baromètre crucial que nous aurions pu utiliser pour évaluer la performance de l'économie, la probabilité d'une inflation et l'état du marché du travail ». Dans cette manipulation des chiffres, il renvoyait dos à dos les deux partis : « Les démocrates étaient ainsi en mesure de prétendre que le chômage était tombé dans les années quatre-vingt-dix à son plus bas niveau depuis quarante ans, heureux d'ignorer ce chômage invisible. Les républicains adhéraient avec enthousiasme à l'idée que la récession de 2001 était douce, alors qu'en réalité, précisait Goolsbee, nous cachions une profonde récession [1]. »

Goolsbee comparait ces trucages à un épisode d'*Alice au pays des merveilles*. Rien n'indique, depuis qu'il a pénétré à son tour dans l'univers

1. *Ibid.*

enchanté de la politique, qu'il ait le désir ou les moyens d'en changer les règles...

L'autre indice volontairement faussé était celui qui permettait de mesurer l'inflation. Le CPI (Consumer Price Index) offrait une méthode de calcul transparente, reposant sur les coûts d'un panier fixe de produits. Le calcul, à périodes régulières, de l'augmentation ou de la décélération des prix de ces produits, fournissait le taux d'inflation. Un procédé simple et efficace mais jugé politiquement dangereux par Bush père, alors qu'il était président. Cette méthode aboutissait, selon ses conseillers économiques Michael Boskin et Alan Greenspan, président de la Fed, à une évaluation trop élevée du niveau de l'inflation. Les prix de l'énergie et des produits alimentaires furent donc retirés des calculs.

C'était bien sûr une totale aberration, mais les administrations américaines qui se sont succédé avaient toutes les meilleures raisons de minorer le niveau d'inflation. D'abord, les versements effectués au titre de la sécurité sociale et de l'aide médicale sont indexés sur les chiffres de l'inflation. Un calcul plus transparent et surtout plus exact aurait abouti à une augmentation importante du montant de ces versements et à un accroissement du déficit. Des risques politiques et économiques qu'aucun dirigeant n'était prêt à prendre. Ensuite, pour Alan Greenspan, surnommé longtemps à tort « le magicien », ce mode de calcul trafiqué permettait de maintenir la fiction d'une Fed contrôlant efficacement l'inflation, une croyance qu'il sut faire partager au public.

En mai 2008, Paul Volcker, devenu conseiller de Barack Obama, mit également à mal ce credo.

Il déclara, devant le comité économique conjoint du Congrès, qu'il pensait que le CPI sous-estimait l'inflation. Il ajouta que cette méthode de calcul biaisée n'avait pas permis de déceler les risques avant-coureurs de la crise du crédit immobilier.

La première puissance du monde ressemblait à un géant aveugle aux gestes tâtonnants. Les administrations républicaines ou démocrates qui s'étaient succédé avaient, toutes, privilégié les choix politiciens à courte vue ; ou plutôt, elles avaient accepté de perdre la vue et donc toute prise sur les événements. La plus grave spéculation jamais survenue en fournissait une démonstration éclatante.

Il existait en revanche dans le plan Obama une mesure importante : la protection des consommateurs par rapport aux produits financiers. Cette mesure était inspirée par Elizabeth Warren, professeur à Harvard, qui critiquait avec justesse l'industrie des cartes de crédit et les dangers qu'elle faisait courir aux particuliers et à l'économie. Cette dérive gagnait l'Europe. Le FMI évaluait à 1,914 milliard de dollars l'endettement des Américains lié à l'usage de leurs cartes, dont 14 % allaient connaître de graves problèmes.

Bank of America, Citigroup, JP Morgan et Wells Fargo avaient déjà essuyé des milliards de dollars de pertes liées aux difficultés des détenteurs de cartes et le pire, avertissaient-ils, était encore à venir. Déjà la Grande-Bretagne paraissait sévèrement touchée, elle aussi[1].

1. *The Financial Times*, 27 juillet 2009.

« Cette intervention de l'État est très traumatisante pour nous »

Sur le front financier, cinq mois après son entrée en fonction, l'administration Obama bat, hélas, déjà en retraite. Le 10 juin, Geithner annonce l'abandon de tout projet de loi visant à limiter les rémunérations et les bonus des patrons et cadres dirigeants des sociétés financières qui ont bénéficié de milliers de milliards d'aide fédérale, en plus de garanties. La veille, fort discrètement, le ministre des Finances a autorisé dix grandes banques américaines à rembourser 68 milliards de dollars reçus de l'État fédéral, mettant fin ainsi à un véritable calvaire, si l'on en croit les propos tenus par Dimon en mai 2009 : « Cette intervention de l'État fut très traumatisante puis douloureuse pour nous[1]. »

Le remboursement de ces prêts permet à JP Morgan Chase, Goldman Sachs, Morgan Stanley et aux sept autres établissements concernés d'échapper ainsi au risque, bien faible, de tutelle publique sur leurs rémunérations et bonus. Désormais, elles ont à nouveau le champ libre pour replonger dans la spéculation sur les dérivés et s'attribuer des revenus indécents.

Winston Churchill confiait après le krach de 1929 : « Nous verrons certainement à l'avenir un monde financier moins fier. » Des propos aujourd'hui démentis. Malgré la gravité de la crise traversée, l'arrogance du monde de la finance

---

1. « Jamie Dimon on the "Traumatic TARP Experience" », *The New York Times*, 19 mai 2009.

demeure intacte. Leurs perspectives d'un avenir radieux contrastent avec l'ampleur des dommages qu'ils ont infligés à ceux qui gagnent leur vie dans l'économie réelle. Un rapport émanant de Challenger, Gray et Christmas révèle que plus de la moitié des compagnies américaines ont réduit ou gelé les salaires de leurs employés, en réponse à la crise financière[1].

Commentant le remboursement des 68 milliards, Barack Obama déclare : « Le retour de ces sommes n'offre pas un pardon pour les excès passés ou une permission pour de futurs écarts de conduite. »

L'administration américaine s'était concentrée sur les tests de résistance ou le rétablissement de la santé des principaux établissements financiers sans s'attaquer à l'essentiel : l'encadrement de l'industrie financière et ses méthodes de fonctionnement.

Même le financier George Soros, spéculateur et philanthrope, le déplore bruyamment. Soros est un homme étrangement ambivalent. Il a bâti sa fortune sur des attaques spéculatives d'une violence inouïe et réclame désormais des mesures d'encadrement du secteur financier. Je me souviens surtout de son absence d'humour lorsque je l'avais rencontré à New York. Au cours de l'interview, je lui avais dit, après l'avoir écouté : « George Soros réclamant des mesures de contrôle, c'est aussi surréaliste que d'imaginer Ronnie Biggs – l'homme qui a organisé l'attaque du train postal Glasgow-Londres – à la tête de

---

1. Patrick Martin, « Obama Administration Rejects Limits on Banker Pay », *Global Research*, 11 juin 2009.

Scotland Yard. » Son visage s'était fermé et il avait écourté l'entretien.

Soros est l'un des plus fervents partisans d'Obama. Mais il estime que le président américain a « perdu une grande opportunité en n'adoptant pas une approche plus radicale en traitant avec les banques. Il y a beaucoup trop de continuité avec la maladresse et la mauvaise gestion de l'Administration précédente et pas assez de rupture[1] ».

---

1. « George Soros: Obama "Lost a Great Opportunity" to Fix the Banks », *Tech Ticker*, 9 avril 2009.

19

Des étages supérieurs de leur immeuble, situé à la pointe de Wall Street, les dirigeants de Goldman Sachs peuvent observer, avec convoitise, sur l'autre rive de l'Hudson, la terre qu'ils ont failli coloniser et où ils rêvent encore de parvenir à leurs fins : l'État du New Jersey.

Une région prospère, juste en face de New York, dont le gouverneur démocrate, John Corzine, fut, de 1994 à 1999, le président de Goldman. L'homme incarne cette confusion des genres qui voit un ancien financier passer à la politique tout en continuant de privilégier la firme qu'il a dirigée.

Kevin Phillips décrit cette nouvelle géographie du pouvoir où finance et politique sont étroitement liées et qui s'étend de Washington à Boston, avec comme centre de gravité le New Jersey et le Connecticut[1]. Il omet Chicago, l'exemple le plus récent de cette osmose réussie.

Corzine quitta Goldman Sachs plus riche de 400 millions de dollars, pour se présenter au Sénat où il fut élu en novembre 2000 après avoir battu

1. Kevin Phillips, *op. cit.*

de 4 % des voix son adversaire républicain qui avait accompli quatre mandats. Pour arracher cette victoire, il mena la campagne électorale la plus chère de toute l'histoire du Sénat américain, dépensant 62 millions de dollars sur ses propres deniers.

Le nouvel élu a fait ses études à l'université de Chicago et commencé sa carrière à la Continental Illinois National Bank of Chicago. Il se lia de sympathie, en 2004, avec le nouveau sénateur de l'Illinois, Barack Obama, et les deux hommes cosignèrent plusieurs projets de loi. Dans les quatre années qui suivirent leur rencontre, Corzine resta l'un des plus fermes soutiens du futur président.

En 2006, il fut élu au poste de gouverneur du New Jersey après avoir dépensé cette fois 38 millions de dollars, toujours sur ses fonds personnels. En sept ans de vie publique, John Corzine avait ainsi englouti environ 100 millions de dollars. Il arrivait à la tête d'un État qui suscitait la convoitise de Goldman Sachs.

En 2005, son ancienne firme avait eu la haute main sur la privatisation de deux autoroutes, l'une à Chicago, l'autre dans l'État de l'Indiana. Prendre le contrôle d'infrastructures publiques et les transformer en énormes sources de profit devenaient les priorités de Goldman et, à un degré moindre, de Morgan Stanley.

Goldman Sachs privatise les autoroutes

« En 1919, rappelaient Daniel Schulman et James Ridgeway, il avait fallu soixante-deux jours au lieutenant Eisenhower pour convoyer des camions de Washington à San Francisco. L'état du réseau routier américain était déplorable et Eisenhower évoquait les " ponts de bois " qui craquaient sous le poids de véhicules. En Illinois, ajoutait-il, le convoi avait commencé à rouler sur des routes en terre et ce pratiquement sans interruption jusqu'à l'arrivée en Californie[1]. »

Sa présence en Allemagne, au terme de la Seconde Guerre mondiale, lui avait fait découvrir la qualité des autoroutes allemandes.

En 1956, il signa le Federal Aid Highway Act, qui prévoyait un accord conjoint du gouvernement fédéral et des États pour construire environ soixante-quatre mille kilomètres de routes à travers le pays, incluant le franchissement de gorges, de rivières et de déserts. Le président américain qualifiait ce texte de « plus important projet de travaux publics de toute l'histoire de l'humanité ».

Cinquante ans plus tard, le réseau autoroutier américain faisait peine à voir. L'administration Bush avait accentué une tendance amorcée depuis Reagan, marquée par une réduction drastique des investissements consacrés à l'entretien ou au développement. Leur montant était passé de 2,5 % du budget fédéral dans les années soixante-dix et quatre-vingt à environ 1 % au cours des dix dernières années. En 2007, 26 % des 599 893 ponts existant aux États-Unis étaient jugés structurellement défaillants ou obsolètes. Pourtant, comme le rappelait Saskia Sassen, professeur à Columbia, « aussi désastreuse que soit la situation, les besoins, dans ce type d'infrastructure, se chiffrent

1. Daniel Schulman et James Ridgeway, « The Highwaymen », *Mother Jones*, février 2007.

en milliards et non en milliers de milliards. Nous sommes là dans l'économie réelle, pas dans le monde de l'hyperfinance [...]. Or, les dépenses d'infrastructure sont créatrices d'emplois. Ainsi, une étude du gouvernement des États-Unis a conclu que chaque milliard de dollars investi par l'État fédéral dans la construction routière dans le pays permettrait la création de 47 500 emplois par an. Cinq millions d'emplois pourraient donc être créés si nous investissons 1 600 milliards de dollars sur cinq ans dans nos infrastructures[1]. »

De grands travaux pour rénover les infrastructures existantes constituaient l'un des objectifs avancés par Obama pour relancer l'emploi.

Mais, encore une fois, le secteur financier agissait plus rapidement que le monde politique.

Pour les disciples de l'ultralibéralisme économique devenu une religion, la privatisation représente certainement le mot le plus noble de leur liturgie. Ils considèrent qu'il est souhaitable de tout privatiser, des prisons aux guerres (on l'a vu avec les milices privées opérant en Irak) en passant par les systèmes de santé et de sécurité sociale. La privatisation a généré son lobby, ses experts, ses contractants. Une véritable industrie qui arrive à convaincre une ville comme Sandy Springs, dans l'État de Géorgie, une agglomération de 85 000 habitants, de confier son administration, ses finances et la gestion extérieure de ses travaux publics à une firme du Colorado.

Deux données font des routes et autoroutes un morceau de choix pour la privatisation : elles

1. Saskia Sassen, « Vive l'économie réelle ! », *Le Monde*, 22-23 février 2009.

génèrent un véritable marché captif en termes d'usagers, et leur coût d'entretien élevé grève les budgets de l'État fédéral, des régions et des villes.

L'administration fédérale des autoroutes évalue à 50 milliards de dollars le coût d'un programme de seize ans qui permettrait de rénover les routes et les ponts. Un montant dérisoire si on le compare aux sommes brassées dans la spéculation financière, mais un fardeau écrasant au regard des moyens dont disposent les villes et les États.

Le 29 juin 2006, Mitch Daniels, le gouverneur de l'Indiana, annonça que l'État abandonnait pendant soixante-quinze ans à un consortium le contrôle et la gestion de l'Indiana Toll Road, une autoroute payante de deux cent cinquante kilomètres qui traverse le nord de l'État, et relie l'Ohio et l'Illinois.

Le consortium versait à l'État de l'Indiana 3,8 milliards de dollars, mais bénéficiait de centaines de millions de dollars de déductions fiscales, plus le privilège d'être exonéré de nombreux impôts locaux et régionaux. Il conservait tous les profits des péages, avec l'autorisation d'augmenter les tarifs à son gré. Les projections indiquaient qu'en moins de soixante-quinze ans l'autoroute rapporterait au groupe privé au minimum 11 milliards de dollars, ce qui constituait un retour sur investissement plus que satisfaisant pour une mise de fonds de 3,8 milliards.

20 millions de dollars pour Goldman Sachs

Mitch Daniels, ancien responsable du géant pharmaceutique Eli Lilly, avait dirigé entre 2001 et

2003 le Bureau du budget et du management de la Maison Blanche, sous George W. Bush. Sa réplique adressée à des détracteurs se caractérisait par une mauvaise foi absolue : « Des centaines de projets de routes et de ponts devant être construits à travers l'État ont été promis depuis des années, et, pour certains, depuis des décennies, sans la moindre source de financement ni l'espoir qu'ils deviennent une réalité, à moins que de nouvelles initiatives hardies ne soient prises. Nous avons examiné chaque option nous permettant d'atteindre ce financement : augmenter l'impôt sur les carburants, accroître l'endettement, élever le montant des droits payés par les poids lourds ou pour l'enregistrement d'un véhicule. Juste pour évoquer quelques pistes. Il était très clair que si l'on suivait la voie habituelle, très peu de ces deux cents projets d'infrastructure deviendraient une réalité[1]. »

Daniels faisait penser au conte du *Petit Chaperon rouge*, où le loup se déguise en grand-mère pour séduire la petite fille. L'impasse financière où se trouvait son État, comme tant d'autres, découlait des choix opérés par l'administration Bush dont il avait été un des piliers : réduire les financements publics, organiser l'asphyxie de ces États et les livrer en pâture à des organismes privés.

Dès septembre 2005, Goldman Sachs travaillait aux côtés de Daniels au projet de privatisation de l'autoroute. La firme de Wall Street avait le statut de conseiller financier de l'État de l'Indiana et, malgré les difficultés financières évoquées par le gouverneur, l'accord passé avec Goldman prévoyait que la banque toucherait, en honoraires

---

1. Daniel Schulman et James Ridgeway, art. cité.

nets d'impôts, 20 millions de dollars. Elle jouait et gagnait en réalité sur tous les tableaux. Son activité de conseil l'amenait à sélectionner l'investisseur qui allait se révéler, pour elle, financièrement le plus intéressant. Todd Spencer, le vice-président du syndicat des routiers, hostile à la privatisation, le soulignait avec amertume : « Ils [Goldman Sachs] sont au milieu, jouant un côté contre l'autre, et c'est très lucratif [1]. »

L'accord avec un consortium privé fut signé en 2006 et, juste avant, l'État décida d'augmenter, pour la première fois depuis vingt ans, les droits de péage sur l'autoroute concédée. Les tarifs doublèrent pour les voitures et atteignirent 120 % de hausse pour les poids lourds. Le groupe qui, désormais, gérait l'autoroute décida d'installer un système de paiement automatique. Pendant la période des travaux, les véhicules circulaient sans payer mais l'État de l'Indiana versait aux concessionnaires un dédommagement correspondant au trafic réel.

Le public avait été soigneusement tenu à l'écart et ignorait le détail de cette transaction. Ces infrastructures avaient été construites et financées par les contribuables de la région, qui se voyaient désormais contraints de payer des tarifs prohibitifs pour les emprunter. Le nouveau gérant, à peine en place, établit un barème qui permettait de ponctionner au maximum les usagers : les prix scandaleusement élevés payés par les camions s'accompagnaient d'un tarif spécial, nettement plus cher, qui permettait de bénéficier d'un accès à des voies express dépourvues d'embouteillages.

1. *Ibid.*, et Anthony Cowell, « Highway Robbery », *The New York Post*, 3 juin 2008.

L'accroissement des profits s'accompagnait de réductions massives du personnel. Les six cents employés travaillant sur l'autoroute et dépendant jusqu'alors du Département des transports de l'Indiana furent priés, dans leur grande majorité, d'aller chercher du travail ailleurs. L'État assurait donc une superbe rente de situation à des investisseurs privés, sans exiger d'eux la moindre contrepartie, même en termes d'emplois.

Indiana Toll Road s'arrêtait juste à la frontière de l'Illinois, dont la capitale, Chicago, avait initié, toujours en 2006, la première cession d'envergure en termes d'infrastructures autoroutières. Là encore, Goldman Sachs tirait les ficelles en coulisse. La firme perçut 9 millions de dollars de la mairie pour privatiser les douze kilomètres et demi de Chicago Skyway, une autoroute qui reliait la voie express Dan Ryan à l'ouest et l'Indiana Toll Road à l'est. L'affaire fut conclue pour 1,8 milliard de dollars.

Le raisonnement du maire, Richard Daley, reposait sur l'idée qu'il valait mieux disposer immédiatement d'une somme A, plutôt que d'attendre plusieurs années pour obtenir une somme B qui serait sensiblement plus importante. Goldman Sachs, pour le convaincre, avait pu s'appuyer sur des hommes qui travaillaient à ses côtés. Comme John Schmidt qui collabora avec Bill Clinton, avant de rejoindre Daley et la mairie de Chicago où il officiait comme conseiller juridique. Daniel Schulman et James Ridgeway rapportent ses propos : « Acheter l'infrastructure de l'économie est extrêmement précieux. Les opérateurs d'autoroutes n'ont pas été en mesure d'y parvenir auparavant. Leurs demandes étaient rejetées parce que, jusqu'ici, nous n'avions pas d'infrastructures privatisées dans ce pays et ces opérateurs étaient obligés d'acheter des routes à péage au Chili ou en France. Maintenant ils ont soudain l'opportunité de venir dans ce pays [1]. »

La vente de Skyway à Chicago aiguisa en effet les appétits et, à l'issue de la transaction, Goldman reçut des appels d'investisseurs du monde entier désireux, selon Schulman et Ridgeway, d'acquérir « un morceau d'infrastructure routière américaine ». Ils rapportaient les confidences de Florian, dirigeant chez Goldman la division des « finances municipales » qui conseillait les villes et les États en matière de privatisation : « Je me sens comme un missionnaire, essayant de vendre la religion. Nous nous sommes lourdement investis [2]. »

Séduit par cette transaction, Daley, toujours sur le conseil de Goldman, envisageait de vendre la gestion de la loterie pour une somme de 15 milliards de dollars et des versements annuels. Il croyait ainsi pouvoir initier à Chicago un « cercle vertueux » où le produit de ventes qui hypothéquaient l'avenir allait permettre des améliorations rapides dans des domaines comme l'éducation.

10 milliards de dollars pour vendre les autoroutes

En s'installant dans son bureau de gouverneur du New Jersey, John Corzine avait ces exemples présents à l'esprit. C'était un homme empli de

1. Daniel Schulman et James Ridgeway, art. cité.
2. *Ibid.*

paradoxes. Il se présentait comme un libéral et se situait à la gauche du parti démocrate ; mais il refusait catégoriquement de révéler le montant de ses revenus, précisant seulement qu'il avait passé un accord avec Goldman Sachs. Il avait vécu deux ans avec la responsable du plus important syndicat de travailleurs de l'État et, lors de leur séparation, lui avait offert 6 millions de dollars.

Les deux premières décisions qu'il prit furent, dans l'ordre, son refus de percevoir les 175 000 dollars annuels de son salaire de gouverneur, puis de demander une évaluation de tous les actifs appartenant au New Jersey. Son choix fut rapide. Il annonça son intention de vendre les autoroutes à péage pour 10 milliards de dollars. Le trafic quotidien entre le New Jersey et New York est l'un des plus importants du pays. Les habitants du New Jersey furent choqués de découvrir que Corzine développait ce projet avec la firme qu'il avait présidée pendant des années : Goldman Sachs. L'homme politique aux positions progressistes semblait brusquement rattrapé par son passé.

Les prises de contrôle réalisées à Chicago et dans l'Indiana se révélaient extrêmement profitables pour les acheteurs et dommageables pour les usagers. Ceux qui ne pouvaient plus emprunter ces autoroutes utilisaient des routes secondaires, plus longues, accroissant le trafic et la pollution. Les villes ou les États qui avaient accepté ces transactions accordaient le droit aux nouveaux propriétaires, selon le mot d'un observateur, de « battre monnaie » !

Avec Corzine, l'affaire prend une autre ampleur. On quitte les profondeurs de l'Amérique pour découvrir qu'à New York, capitale financière du pays, Wall Street peut, avec impudeur, afficher plusieurs visages. Un élu s'entend avec l'établissement financier qu'il a dirigé pour vendre à bas prix des biens publics, à la disposition des habitants. Une réalité plus proche de l'osmose que du conflit d'intérêts. John Corzine, qui souhaite tant projeter l'image d'un progressiste, retrouve brusquement toute la « rapacité » du financier qu'il a été. Le pillage des infrastructures ressemble pour les banques à un nouvel eldorado. Les calculs réalisés chez Goldman mais aussi chez Morgan Stanley montrent que ce type d'investissement se révèle rapidement hautement rentable. Plus de quarante États américains ont été démarchés par ces deux sociétés. Mais les préjudices en perte d'emplois, de sécurité et de revenus sont tout aussi considérables. La police va-t-elle continuer de patrouiller sur ces tronçons ou la sécurité sera-t-elle confiée à des sociétés privées ? Qui sera responsable en cas d'accidents ou d'attentats impliquant des agents chimiques ou biologiques ? Corzine, tout à sa volonté de privatiser, admet que ce choix soulève des questions compliquées. Il n'ignore pas qu'il symbolise, plus que tout autre, l'alliance du monde financier et du parti démocrate. Et le problème de ces privatisations relève non seulement de la volonté politique, mais d'un véritable choix philosophique dans l'exercice du pouvoir, comme le révèle le vif échange survenu en mai 2006 au Congrès. Le gouverneur de l'Indiana, Mitch Daniels, témoignait devant le sous-comité de la Chambre des représentants chargé des autoroutes et des pipelines. Il fut soudain interrompu par le représentant de l'Oregon, Peter De Fazio.

« Vous dites qu'il n'existe aucune volonté politique d'augmenter les péages, mais si vous entrez dans un contrat qui lie à une entité privée et lui accorde le droit d'augmenter indéfiniment les péages, ce qui arrivera, politiquement vous ne pouvez pas dire : " Nous sommes sortis, augmentez les péages. "

– Eh bien, répondit sèchement Daniels, vous êtes un homme occupé et je ne m'attends pas à ce que vous compreniez le fonctionnement de notre État.

– Non, monsieur, répondit son interlocuteur en haussant la voix, je pose juste une question : Sommes-nous, là, en train de délocaliser la volonté politique jusqu'à une entité privée [1] ? »

L'opposition aux projets de Corzine dans le New Jersey gagna en force et en ampleur. La vente à l'encan de l'autoroute devint pour une majorité d'habitants une perspective intolérable qui força Corzine à reculer et à cesser d'invoquer la présence à ses côtés des dirigeants de Goldman Sachs. Les sondages effectués en 2007, 2008 et 2009 lui étaient tous défavorables. Une majorité très nette critiquait sa gestion de l'État mais le projet de privatisation apparaissait de surcroît comme une faute politique grave. La crise financière fragilisa davantage sa position. L'opinion indignée découvrait peu à peu l'extraordinaire incurie et avidité des banquiers, et le cynisme avec lequel on utilisait l'argent des citoyens pour voler à leur secours.

Ce séisme, pour John Corzine, ressemblait à un boomerang qui revenait le frapper de plein fouet. Désormais, pour une majorité d'électeurs poten-

1. *Ibid.*

tiels, l'image de l'homme public était gravement érodée par celle du financier. Il appartenait à ce groupe de dirigeants de Wall Street dont les pratiques spéculatives avaient conduit au chaos. John Corzine avait enjambé l'Hudson pour s'offrir, caprice coûteux, un siège de sénateur puis un poste de gouverneur. Dans son édition du 29 septembre 2008, avant même que le krach soit consommé, *Time Magazine* évoquant les dérives de Wall Street titrait en première page : « Le prix de la rapacité ».

À quatre-vingts ans de distance, ce jugement rejoignait mot pour mot celui de Paul Claudel, ambassadeur à Washington durant le krach de 1929. Il dénonçait le « danger mondial » des « méthodes de Wall Street » et ajoutait : « Cet argent qui entretient la spéculation [...] dérobe à la nation des richesses réelles [1]. »

1. Franck Nouchi, *Le Monde*, 4 septembre 2009.

Conclusion

Le cynisme et l'avidité sans limites – et sans entraves – du secteur financier ne découlent pas d'une perte d'éthique mais d'une absence totale de morale et de principes. Un comportement d'une grande permanence si l'on se réfère aux crises survenues auparavant. Au cours de mes enquêtes précédentes, j'avais été frappé par la véritable amoralité foncière du monde des affaires. Mais en approchant, pour ce livre, les rivages de la finance, j'ai découvert bien pis : une communauté à l'influence disproportionnée qui agit avec un mépris absolu de l'intérêt général. Aussi arrogante qu'une caste supérieure, elle fonctionne dans le secret et l'opacité, certaine de son impunité. Il s'agit également d'un monde empreint de lâcheté. Durant mon enquête, j'ai sollicité des entretiens avec tous les responsables financiers dont les agissements sont à l'origine de la crise. Pratiquement aucun n'a eu le courage de répondre… de ses actes.

En septembre 2009, alors que je mets un point final à ce livre, je suis frappé par l'ampleur du décalage entre les propos des dirigeants politiques et les pratiques actuelles du monde financier. À quelques jours du sommet du G20, à Pittsburgh, les chefs d'État et de gouvernement continuent au fond d'évoquer la construction d'une nouvelle ligne Maginot alors même que les acteurs financiers l'ont depuis longtemps contournée.

Les discussions entre États s'enlisent, s'éternisent, tandis que la spéculation a repris de plus belle, pratiquée par les établissements à l'origine un an plus tôt de l'effondrement des marchés puis de la crise économique. Ils disposent désormais de deux nouvelles bottes secrètes : les « transactions à haute fréquence » et les « flash orders ».

Les « transactions à haute fréquence » reposent sur la vitesse d'ordinateurs toujours plus puissants dans lesquels sont intégrés des programmes d'achat et de vente dont la rapidité est de l'ordre de la milliseconde. Selon Yves Eudes, ces « superordinateurs scannent des dizaines de plates-formes en quelques millisecondes pour détecter les tendances du marché, puis passent des ordres à la vitesse de la lumière, laissant sur place les investisseurs traditionnels, beaucoup plus lents. Ils peuvent ainsi détecter le cours plafond fixé par un acheteur. Aussitôt, ils raflent toutes les actions disponibles avant que l'acheteur ait eu le temps d'agir et les lui revendent plus cher, généralement au cours maximal[1]. »

Banques, sociétés financières et places boursières travaillent en étroite coopération pour favoriser ce type de pratiques extrêmement lucratives ; les profits annuels se chiffrent en milliards de dollars et les traders capables de concevoir ou d'appliquer ces programmes font l'objet de véritables ponts d'or.

1. Yves Eudes, « Les geeks à la conquête de Wall Street », *Le Monde*, 3 septembre 2009.

Les politiques encore une fois agissent à courte vue : limiter les bonus indécents est souhaitable mais les traders ne sont pas responsables de la crise actuelle, ils ne font qu'appliquer les stratégies mises en place par les dirigeants des établissements où ils opèrent. La réactivité et la rapidité de mouvement du secteur financier lui confèrent toujours plusieurs coups d'avance sur les politiques. Il échappe jusqu'ici aux sanctions parce qu'il déjoue les contrôles. Allant même jusqu'à développer de nouvelles pratiques qui relèvent de l'illégalité. Le « flash order », cette autre botte secrète, en est un exemple. Il s'agit pour des plates-formes financières, et même des Bourses comme le Nasdaq ou le Chicago Board Options Exchange, de laisser des clients privilégiés consulter les ordres portant sur des titres, une fraction de seconde avant qu'ils soient rendus publics ; ce qui leur assure un avantage décisif. Aucun cas de conscience, bien sûr, pour les opérateurs qui se livrent, grâce à l'arme électronique, au « délit d'initié ».

Andrew Haldane, directeur exécutif de la Banque centrale d'Angleterre, chargé de la stabilité financière, a publié il y a quelques mois une étude qui évalue l'ampleur du désastre survenu en 2008. Il souligne, à propos de la spéculation sur les crédits dérivés, que très peu de banques avaient conscience de la gravité des risques qu'ils faisaient courir à leur établissement et au reste de la société. C'est toujours le cas aujourd'hui. Alors même que des millions de personnes continuent de payer au prix fort, dans leur vie quotidienne et professionnelle, les effets de la crise, les acteurs financiers sont en train d'élaborer les ingrédients du prochain désastre. Avec toujours la responsabilité écrasante des autorités de régulation, passives et parfois complices face à ces dérives.

Je considère qu'un secteur financier adapté et efficace est celui qui répond aux besoins du secteur économique et de la société. Ce qui n'est absolument pas le cas aujourd'hui. La période de crédit abondant que nous avons traversée n'a enrichi que les financiers et n'a jamais bénéficié à l'investissement productif.

Une réforme en profondeur du système financier et une redéfinition de ses règles du jeu s'imposeraient, mais je crains qu'une telle initiative ne soit malaisée en Europe et encore plus aux États-Unis. Le secteur bancaire est un pouvoir important et influent dans les pays européens ; outre-Atlantique, comme je crois l'avoir montré dans ce livre, il est devenu l'essence même du pouvoir, un monde où financiers et politiques évoluent, liés par la même consanguinité.

Remerciements

Mes remerciements vont à Bernard Esambert pour la qualité et la précision de ses remarques ainsi qu'à Samantha Vandersteen pour sa rigueur dans la vérification des détails.

Table des matières

1

2

3

4

5

6

7